NOS MALHEURS

LEURS CAUSES : LEUR REMÈDE

PARIS. — E. DE SOYE ET FILS, IMPRIMEURS, 5, PLACE DU PANTHÉON.

R. P. OLLIVIER

F. P.

NOS MALHEURS

LEURS CAUSES : LEUR REMÈDE

CONFÉRENCES DE N.-D. DE PARIS

CARÊME 1871

SUIVIES DU DISCOURS SUR

L'AVENIR DE LA NATION FRANÇAISE

PRONONCÉ A VERSAILLES EN FAVEUR DES VICTIMES DE LA GUERRE

PARIS

A. JOUBY ET ROGER, LIBRAIRES-ÉDITEURS,

7, RUE DES GRANDS-AUGUSTINS, 7

1872

A LA MÉMOIRE

DE

MONSEIGNEUR

GEORGES DARBOY

ARCHEVÊQUE DE PARIS

mis à mort, le 24 mai 1871
en haine de la foi.

DÉCLARATION

L'auteur déclare soumettre sa personne et ses écrits au jugement de la sainte Église, et réprouver d'avance tout ce qui pourrait, dans ce livre, s'écarter de l'enseignement catholique.

APPROBATION DE L'ORDRE

Nous avons lu et examiné, par commission du T. R. P. Provincial de la province de France, les *Conférences* prêchées à Notre-Dame de Paris par le R. P. Ollivier, et nous en approuvons l'impression.

Paris, le 12 octobre 1871.

Fr. Thomas FAUCILLON, des FF. PP.
Fr. J. M. Louis MONSABRÉ, *préd. gén.*

Imprimatur :

Fr. Bernardus CHOCARNE, *prior provinc.*

AU LECTEUR

Je n'aurais pas eu de moi-même la pensée de publier en volume les discours prononcés à Notre-Dame pendant le carême de 1871. La *Semaine religieuse de Paris* les avait donnés en entier, d'après une sténographie fort exacte, dans le temps même où ils pouvaient avoir le plus d'intérêt et de portée.

Faire un livre de ces discours me semblait ambitieux au delà de toute raison. D'ailleurs il fallait les revoir avant d'en faire un livre, et je n'avais pas à ce sujet les illusions qui m'eussent rendu ce travail agréable. Je préférais donc m'en tenir à la première publication, suffisante, à mon sens, pour beaucoup de raisons inutiles à dire. Mais j'ai dû me rendre au sentiment de quelques personnes désireuses de conserver, sous une meilleure forme, ce souvenir d'un temps où la chaire de Notre-Dame n'était pas sans périls.

Peut-être ce sentiment est-il bon et doit-il se trouver d'accord avec le sentiment du public. On aime à revenir par la pensée aux jours mauvais, à mesurer l'étendue de la souffrance et du danger, pour mieux goûter la sécurité et la paix de meilleurs jours. D'autres aussi penseront peut-être que le souvenir des enseignements recueillis à cette époque n'est pas sans utilité à l'heure présente, sous quelque forme qu'ils se soient produits. J'ai donc pris confiance de recevoir un accueil favorable, et c'est pourquoi j'ai consenti à publier ce volume.

Je prie le lecteur, — celui qui n'a pas vu de près Paris et Notre-Dame pendant l'armistice et la Commune, — de ne pas me reprocher le choix du sujet et la forme de l'exposition. Quant au sujet, l'archevêque martyr le croyait indiqué d'avance et me l'avait proposé. Mais ce choix m'obligeait à une suite d'idées et à une forme de parole que des temps ordinaires n'eussent pas admises. Les événements, en se précipitant, les modifièrent encore au point de leur donner un caractère tout à fait exceptionnel. Il n'est pas facile de suivre les routes battues de la prédication, quand la chaire est à l'ombre du drapeau rouge, quand le canon de la guerre civile fait trembler les voûtes du temple et que l'on peut s'attendre, après chaque conférence, à passer de Notre-Dame à la Roquette. Dans cet immense effondrement et au milieu de cette indescriptible déroute, il n'y avait pour le prédicateur qu'un devoir : parler haut, frapper fort, et, s'il le fallait, mourir en jetant une dernière protestation à la face des criminels et des trembleurs.

Oublier cette situation et ce devoir serait s'interdire de rien comprendre aux discours qui suivent. Je m'en remets, sans illusions et sans regrets, au jugement de tous ceux qui ont vu de près ces aventures ou les ont méditées avec le désir d'y trouver un enseignement.

Si, contre cette attente, l'opinion me traite avec indifférence ou sévérité, le mal ne sera pas grand. Conduit à Notre-Dame par un concours de circonstances où je n'étais pour rien, je n'ai fait qu'y passer, et j'y laisserai sans doute un souvenir trop vague pour que la dignité de cette illustre chaire en doive souffrir. Je me consolerai donc facilement de cette déconvenue : je n'attendais rien et n'ai rien réclamé pour moi-même, sinon le droit de dire que j'ai fait mon devoir. — Et ce droit, je me persuade qu'il n'est au pouvoir de personne de me le contester.

FR.-MARIE-JOSEPH-HENRY OLLIVIER,
des Frères prêcheurs.

Lille, 8 septembre 1871,
En la fête de la Nativité de la T.-S. Vierge.

PREMIÈRE CONFÉRENCE

PREMIÈRE CONFÉRENCE

DE L'ABSENCE DE CONVICTION RELIGIEUSE DANS LA SOCIÉTÉ FRANÇAISE.

MONSEIGNEUR (1),
MESSIEURS,

Ce n'est pas moi que vous espériez voir aujourd'hui dans cette chaire, et je m'étonne, plus que vous peut-être, de l'honneur qui m'est fait d'y monter. Les circonstances malheureuses où nous sommes ajoutent cet ennui aux ennuis dont vous avez souffert, de retenir loin de vous le prédicateur dont vous attendiez l'enseignement. Cependant, mes-

(1) Mgr Darboy, archevêque de Paris.

sieurs, j'ose vous prier de me bien accueillir, non pour moi, mais pour la vérité, qui doit vous être chère en ma bouche tout autant que sur des lèvres plus éloquentes et plus autorisées. Devant un autre auditoire j'hésiterais. Devant vous, messieurs, je n'hésite pas; ma faiblesse aura pour excuse la bienveillance que m'assurent votre esprit et votre cœur.

Monseigneur, lorsque Votre Grandeur a bien voulu me confier ce glorieux mais pénible ministère, Elle sait avec quel embarras j'ai accueilli cette faveur et de quelle crainte j'ai dû être pressé. Votre Grandeur promettait le succès; c'était beaucoup promettre. Toutefois je m'en suis assuré, parce qu'il n'était pas possible qu'une bonté si paternelle se rencontrât de votre part sans devenir pour moi le principe d'une efficace bénédiction.

Messieurs,

La sagesse antique regardait le malheur comme une école où l'homme apprend ce que la prospérité ne lui permet pas de savoir. Ses illusions perdues semblaient autant de voiles qui tombent et le mettent en face de soi-même, soumis à l'action d'une lumière plus vive et plus pénétrante, d'où sortent pour lui de plus complètes et de plus fécondes connaissances.

Mais de toutes ces connaissances, la meilleure, sans contredit, est celle de soi-même. Aussi l'antiquité ne concevait pas la plainte toute moderne qui fait du malheur une preuve de l'abandon par la Divinité. Au contraire, le sage, quand l'épreuve lui arrive, apparaissait aux yeux de Platon comme le spectacle le plus digne où se pût complaire le regard de Dieu. En effet, la leçon reçue du malheur ne doit pas aller sans une réforme de la vie; et cette réforme est par excellence le spectacle agréable au ciel, en raison de la grandeur du but à atteindre, qui est la restauration du plan de Dieu sur sa créature privilégiée; en raison aussi de l'effort plus douloureux, parce qu'il est plus difficile et plus continu, à l'aide duquel cette créature rentre dans le plan divin.

Le malheur où nous sommes est à coup

sûr le plus complet qui se puisse imaginer, et les expressions nous manquent pour le définir. Nous sommes malheureux à ce point que nous soyons tentés de croire la leçon bénie de l'épreuve sans raison d'être pour nous, parce que dans l'abîme où nous sommes descendus il n'y a plus de place que pour le désespoir et la plainte. Comment, à cette heure où tout ce qui fut notre amour et notre orgueil s'en est allé, où l'honneur suprême nous est ravi, où nous sommes esclaves de la pire servitude, comment croire encore et penser à la leçon qui peut sortir d'un pareil abaissement? Que reste-t-il à faire, sinon de laisser passer les événements sans leur demander autre chose que le prompt achèvement de notre misérable destinée?

Je vous en supplie, messieurs, ne vous laissez pas aller sur cette pente! Le malheur, à quelque degré qu'il arrive, est toujours l'école où l'homme s'apprend, où par conséquent il trouve le moyen de se régénérer. Arrêtons-nous courageusement devant cette épreuve; mesurons-la jusqu'au fond; sachons-en tout le poids et toute l'étendue.

C'est un soulagement de savoir combien l'on souffre, et c'est une ressource de savoir jusqu'où l'on est tombé. Sachons-le donc, mais non pas stérilement. Que le malheur devienne vraiment notre enseignement et le principe de notre réforme. Nous sommes dans ce malheur parce que nous l'avons préparé; nous y sommes arrivés parce que nous avons voulu y venir; nous en sortirons par une réaction énergique contre nous-mêmes, par la substitution d'une volonté plus sage à la funeste volonté qui nous a trop longtemps conduits. C'est à l'étude, d'où naîtra cette réaction, que je vous convie, messieurs. Nous la ferons loyalement ensemble, parce que nous ne voulons pas en rester là. La France ne peut pas, ne doit pas mourir; c'est pourquoi, nous qui sommes la France, nous rechercherons ce qui nous a menés à cette ruine et ce qui peut nous en faire sortir.

Pour ne pas vous retenir plus longtemps aux préliminaires, posons nettement la question.

Nous sommes malheureux parce que nous

n'avons été, ni dans la vie privée, ni dans la vie de famille, ni dans la vie sociale, ce qu'il nous convenait d'être.

Comme individus, nous avons manqué de foi et de vertu. La famille a laissé rompre le lien qui rattachait ses membres et livré l'éducation des enfants à tous les hasards. Enfin, par suite de cette double erreur, nous avons été retenus, devant les périls que courait la société, dans une indifférence funeste en face des doctrines, et dans une inertie coupable en face des devoirs. C'est là tout le plan de ces conférences, et je n'ai pas besoin de faire appel à votre attention ni de solliciter votre bonne volonté : l'attention, les événements la commandent; la bonne volonté, votre destinée même y tient.

Aujourd'hui, messieurs, nous aborderons la première idée qui doit nous retenir, l'absence de foi dans la société où nous vivons, et les dangers que cette absence a créés, ou pour mieux dire les ruines qu'elle a faites.

I

Le père Lacordaire vous disait, messieurs : « *Vous vivez dans un siècle où la foi religieuse a subi parmi les peuples une déchéance incontestée, et vous vous persuadez que cet état de misère morale est l'état normal du genre humain* (1). » Veuillez, messieurs, peser ces expressions. S'il y avait à constater seulement une déchéance de la foi, de telle nature que des individus plus ou moins nombreux en fussent les victimes, mais que la nation prise en masse n'en souffrît pas, le mal serait grand sans doute. L'individu qui déserte une conviction, à plus forte raison l'individu sorti de la conviction religieuse, disons simplement de la foi, est bien à plaindre ; il prépare pour lui-même et pour ceux qui dépendent de lui des défaillances honteuses. Mais on ne peut pas de ces défaillances conclure immédiatement à la ruine

(1) XIIe conférence.

ou même à l'abaissement de la société. Au contraire, lorsque le corps social tout entier souffre de cette maladie, lorsque ce ne sont plus des individus, mais les masses qui vivent sans convictions religieuses, la ruine est proche, l'avenir apparaît fermé.

Nous en offrons un douloureux exemple. Notre histoire n'a pas d'heure pire que celle où nous sommes, parce qu'il n'y a pas eu d'heure en notre histoire où l'absence de convictions religieuses atteignît si complétement l'ensemble du corps social. Autrefois, des individus, princes ou sujets, des cités ou des provinces même, sortaient de la doctrine catholique et s'isolaient des convictions religieuses qui gouvernaient la nation; mais, grâce à un ensemble de garanties nées du temps et de la volonté des hommes, le corps social ne pouvait être entièrement atteint par cette gangrène qui l'a pénétré jusqu'aux moelles dans le siècle où nous vivons. Aussi voyez ce qui en résulte. Hier, tout douloureux qu'il soit, n'est pour nous que l'avant-coureur d'un lendemain plus douloureux encore, et les amertumes du souvenir ne sont pas chez nous à l'égal des angoisses où nous tient la prévision de l'avenir. Le corps social est atteint, et il l'est de telle manière que cet état paraît aujourd'hui l'état normal de l'humanité ; c'est là ce qui complète notre malheur et rendrait notre ruine irrémédiable, si Dieu n'avait fait les nations guérissables (1), et s'il fallait renoncer à croire que nous voulons guérir.

Rendons-nous bien compte de ce qui s'est passé. Si nous regardons les masses, elles nous apparaissent séparées complétement de toute conviction religieuse. Et non-seulement elles en sont séparées, mais elles le sont dans une haine et dans un mépris qui permettent à peine d'entreprendre et d'espérer leur rénovation. Pour juger de cette haine il suffit d'écouter ce qui se dit dans les réunions qu'elles affectionnent, lorsque d'aventure le nom de Dieu s'y prononce. Quelles clameurs accueillent ce nom détesté! L'imprudent qui s'est ainsi hasardé est bientôt mis au ban de ce qu'elles appellent leur vie intellectuelle. Si du moins ce n'était que de la haine! mais les

(1) Sap. I, 14.

masses ont le dédain de la foi. Essayez de discuter devant elles! Ce n'est pas possible! Le prêtre, par le seul fait qu'il représente l'idée religieuse, par cela seulement qu'il est prêtre, est tenu en suspicion et en mépris. Votre parole, ô mes frères du sacerdoce, est certainement aussi éloquente, aussi persuasive, parce qu'elle est aussi éclairée, aussi convaincue que toute autre parole. Et cependant, où en est votre ministère? Les hommes que vous avez depuis longtemps rencontrés et qui sont pour ainsi dire dans vos mains, ou bien ceux que la force des choses rapproche de vos lèvres et de votre cœur, oui, ceux-là, vous les atteignez ou vous les conservez. Mais les autres? Ils se tiennent à distance, et vous ne pouvez les aborder, en raison, je ne dis pas seulement de la haine, mais encore du dédain qui anime les masses contre vous.

Voilà le premier aspect de notre société; voici l'autre. Les masses sont pour ainsi dire inconscientes; elles font le mal sans savoir ce qu'elles font, et sont par conséquent excusables. Mais à la tête des masses il y a ceux qui les endoctrinent, ceux qui leur ont appris cette haine et instillé ce dédain. Ceux-là, dit-on, sont rares. Oui sans doute, si on compare leur nombre au nombre de leurs disciples. Mais en réalité, à notre époque, ils ne sont que trop nombreux. Les chaires de toute nature en sont remplies, et la science s'affirme surtout dans la haine et le dédain jetés à la face de l'enseignement catholique. Il n'y a de vérité que là où n'est pas la foi, il n'y a de sécurité pour l'esprit et de progrès pour la raison que là où le Christ est écarté, l'Église tenue à distance, tout ce qui est d'elle en oubli. Et c'est encore la meilleure part qu'on lui fasse : l'oubli ne la met pas toujours à l'abri de l'injure. Si l'on pouvait au moins faire devant elle le *silence respectueux* des anciens adversaires. Mais non, c'était bon pour un autre âge : l'oubli ne suffit plus. Il faut l'injure permanente, l'injure des livres, des discours, des journaux; l'injure polie et l'injure grossière, l'injure qui se dissimule et l'injure qui s'affiche, l'injure qui soufflette en plein soleil et l'injure qui frappe dans l'ombre. Il n'y a pas aujourd'hui d'autre dignité intellectuelle que celle qui s'affirme ainsi. C'est la seconde face du tableau que vous avez sous les yeux.

Peut-être, messieurs, prétendrez-vous qu'il y a place ici pour une excuse; et cette excuse, je désire l'étudier avec vous. Vous invoquez le mouvement intellectuel qui nous emporte, mouvement ardent et fécond, je l'espère, parce qu'il n'y a pas d'activité sans fécondité, et que Dieu veille pour conduire à bonne fin les agitations souvent douteuses de l'esprit humain. Vous dites que cette activité intellectuelle ne peut exister sans une discussion qui atteigne accidentellement par l'injure l'enseignement catholique. Je vous le passerais si je trouvais dans ces *études*, qu'on allègue comme la gloire de la raison moderne, le sérieux, la gravité qui conviennent à la science. Mais ce n'est pas ce que j'y rencontre. Je ne veux pas nier la valeur de telle ou telle *étude* considérée en elle-même; et qu'elle ait pour objet plus apparent la littérature, l'histoire, la philosophie, la philologie — ce qu'il vous plaira, — je vous concéderai qu'à ces divers points de vue elle a de l'ampleur, de la profondeur, et dès lors son utilité et sa dignité. Malheureusement, si nous sortons de l'*étude* elle-même en tant qu'elle s'applique à l'histoire, la littérature, la philologie, et que nous la considérions dans sa raison d'être, l'appréciation doit être tout autre. Nous y sommes invités à une discussion des choses religieuses; cette discussion suppose, sinon la connaissance des choses religieuses, au moins la recherche de ces connaissances. Eh bien, messieurs, est-ce là ce que vous y trouvez? Jamais. Les choses religieuses, pour les docteurs comme pour les endoctrinés, ne méritent que le dédain; la science les doit toucher à peine du bout de l'aile. On les aborde comme en passant; le regard n'en voit que la superficie; le compte rendu qu'on en accepte est éminemment inexact; et vous êtes étonnés, quand vous sondez ce que vous croyez être une objection posée victorieusement, de constater une ignorance absolue de la question étudiée. C'est ce que nous voyons tous les jours. Dès lors, s'il y a un côté à cette étude par lequel elle peut paraître sérieuse, utile, par conséquent excusable et même digne de louanges, elle a aussi un côté par lequel elle est évidemment blâmable et pleine de dangers. Ainsi la faute de ceux qui prêchent devient plus grave et leur responsabilité plus lourde que la responsabilité et la faute de ceux qui recueillent cet enseignement.

Mais entre ces deux extrêmes il y a une sorte de terrain neutre où se tient cette masse fluctuante qui n'a pas, devant la vérité catholique, la responsabilité de la même ignorance ou de la même légèreté, et qui se constitue de la plupart des hommes dans notre société française. Ils ne sont pas, comme le peuple, dans cette ignorance qui ne permet pas de saisir le premier mot de la vérité. Ils ne sont pas non plus poussés par une haine inquiète à l'assaut de la vérité. Mais, en présence des doctrines mauvaises et de l'affaissement général des esprits, ils gardent une attitude indécise qui permet aux uns d'émettre ces doctrines, et ne permet point aux autres de revenir à la vérité. Ils sont là, laissant dire, laissant faire, acceptant je ne sais quels compromis entre la vérité religieuse dont ils ne veulent pas complétement se séparer, et le mouvement *scientifique* sur lequel ils veulent avoir des illusions. Ils sont là placés entre ce qu'ils appellent le *progrès* qu'ils ne veulent pas enrayer, et la tradition qu'ils ne veulent pas répudier. Ils sont là, ni amis ni ennemis; se persuadant qu'ils passeront sans encombre entre ces deux écueils, le déplorable enseignement des uns et la méprisable ignorance des autres.

Ce sont eux surtout qui sont coupables, messieurs. Permettez-moi de le dire : s'il ne se rencontre ici aucun de ceux qui enseignent le mal ou que leur ignorance condamne à en subir l'enseignement, il y a peut-être parmi vous de ces hommes qui ne sont pas à la vérité, n'ayant pas le courage de lui appartenir, et pourtant ne sont pas non plus à l'erreur, parce qu'ils ont encore trop d'honneur pour répudier tout à fait les convictions religieuses. Voilà, messieurs, les grands coupables. Je m'appesantis sur ce reproche, et je vous prie de ne pas le laisser passer sans interroger votre conscience. Demandez-vous à vous-mêmes si vous n'avez pas aidé — par une faiblesse que je ne veux pas qualifier, mais dont vous devez savoir le vrai nom, maintenant que notre malheur en est sorti; — si vous n'avez pas aidé au succès de ces doctrines dont le résultat est que notre pauvre France ne croit plus à rien et ne peut plus rallier autour d'un système plausible, au défaut de l'enseignement véritable, les esprits divisés et révoltés de ses enfants. Je vous demande de vous interroger, et si vous vous sentez coupables, de ne pas seulement faire devant la vérité un aveu stérile, mais de frapper votre poitrine avec la volonté de ne pas aller plus loin dans cette voie funeste. Désormais éclairés, vous n'auriez plus d'excuse si votre connivence laissait encore au mal la liberté de grandir et d'atteindre ces limites, voisines peut-être, où toute ruine est irréparable à la puissance même de Dieu.

Mais les faits constatés, veuillez, messieurs, en étudier avec moi les conséquences.

II

La première conséquence que nous trouvons à cette absence des convictions religieuses, c'est l'affaissement de la vie intellectuelle.

On se plaint souvent du peu d'élévation des esprits à l'heure présente, et l'on constate à tout propos que notre progrès intellectuel si vanté est un mot beaucoup plus qu'une réalité. La raison, nous venons de la dire, c'est l'absence de foi; et si vous hésitez devant cette affirmation, je vous prie d'y réfléchir un instant avec moi.

Le progrès implique l'idée de l'infini, ou, si vous l'aimez mieux, l'idée du surnaturel. Si vous interdisez à l'esprit, par l'absence de conviction religieuse ou de foi, d'entrer et de s'établir dans l'infini ou dans le surnaturel, vous détruisez par là même le progrès. Vous dites, il est vrai, que vous réservez à cet esprit qui s'élance et veut s'étendre les horizons sans cesse renouvelés du temps et de l'espace. Sans cesse renouvelés! Mais ce n'est pas vrai, messieurs. Le temps est fatalement limité; l'espace a sa mesure inévitable. Dès lors, quel que soit l'espace où mon esprit s'étendra et le temps que vous admettrez comme donné à ses efforts, vous avez tracé des limites, imposé des bornes. Vous détruisez le progrès véritable. Car enfin, le progrès, c'est la marche en avant et en haut, toujours en avant, toujours en haut. S'il faut que j'accepte des limites dans la conquête et dans l'ascension que vous me proposez, le progrès cesse forcément. Alors peu m'importe que vous ayez mis devant moi les choses créées avec leurs mystères, les connaissances naturelles avec leurs triomphes. Lorsque j'aborderai — et j'y dois arriver très-vite, car c'est la loi de l'esprit; — lorsque j'aborderai les rivages de l'infini et que je me sentirai arrêté par l'impuissance naturelle à la raison, mais appelé, emporté par la volonté divine qui m'introduit dans sa connaissance et dans son activité, si vous me dites : « Tu n'iras pas plus loin », à quoi me servira que vous m'ayez livré un espace où en apparence je puisse me jouer librement, sans que mes efforts aient le loisir de toucher le terme que vous me proposez? Ce terme que ma main ne touchera pas, mon esprit l'a rencontré. Le progrès n'est plus qu'un mot, et je reviens, comme le captif auquel vous avez fait une vaste prison, m'asseoir sur la pierre étroite et glaciale où je puis au moins trouver la triste joie de l'inertie. L'exilé rencontre partout l'exil, et le captif sent toujours sa captivité. Ainsi vous détruisez la notion même du progrès, et vous n'avez pas le droit de vous étonner de la stérilité des esprits.

Peut-être, messieurs, quelqu'un de vous objectera-t-il que, dans ce temps de scepticisme universel, il n'est pas étonnant que la foi ait subi la déchéance commune à toutes les autres convictions. Bien que son objet soit évidemment supérieur, elle ne saurait échapper à ce qui atteint des convictions dont l'objet, pour inférieur qu'il soit, n'en est pas moins de grande importance. De sorte qu'on arriverait à expliquer cette déchéance du sentiment religieux par la décadence de tout ce qui est connaissance et activité d'esprit. Cela n'est pas exact, messieurs. La première décadence qui amoindrisse l'esprit n'est jamais la décadence scientifique; c'est toujours la décadence religieuse. D'où il suit qu'il n'est pas vrai de dire que la foi porte le fardeau des préjugés et de l'ignorance qui atteignent toutes les autres vérités. Mais il est vrai que les préjugés et l'ignorance en matière religieuse entraînent fatalement l'erreur et l'ignorance en matière scientifique. C'est ainsi que vous avez l'explication de ce phénomène étrange : après dix-neuf siècles de christianisme, après votre dix-septième siècle si fécond, après votre dix-huitième siècle si agité dans la vie intellectuelle, vous êtes arrivés à ce siècle qu'on a justement appelé, ici même, le siècle des avortements (1). La foi s'en est allée et la vie intellectuelle a cessé. Rien ne vous porte en haut ni au loin dans l'ordre des convictions religieuses, et rien ne vous porte en haut ni au loin dans l'ordre des connaissances humaines. Rien pour vous n'est sûr dans la

(1) P. Lacordaire, LXXIIIe conférence.

foi, et rien n'est certain dans la science. Vous êtes sorti de l'école parce que vous vous êtes isolés de l'Église.

C'est la première conséquence. Il y en a une autre.

La déchéance des convictions religieuses prépare fatalement l'absence de toute morale exacte et généreuse; la foi s'en allant, la morale disparaît. Il ne faut pas vous y tromper, messieurs, quelles que soient les déclamations dont on a essayé de masquer la pauvreté du principe contraire, il reste pauvre; il n'y a point de morale sans dogme. La *morale indépendante* est quelque chose de si parfaitement absurde, qu'on se demande comment un esprit bien fait peut donner un instant d'attention aux formules où cet enseignement se produit. En effet, la morale est l'ensemble des lois auxquelles nous soumettons les passions. Or la passion nous flatte, la loi qui réprime la passion nous gêne; et comme la loi est permanente ainsi que la révolte des passions, il en résulte que la morale est un joug perpétuellement gênant, qui n'a pas un seul instant de concession à faire ni de répit à accorder, qui suppose toujours la tête courbée, le cœur serré, les pieds enchaînés, les mains sanglantes. Voilà ce qu'est la morale. Et vous voulez que la morale existe là où aucun principe ne la porte? ou bien les principes que vous acceptez, vous voulez qu'ils portent la morale, s'ils ne sont pas pris en dehors de moi? Allons donc! Mais ce que vous prendrez en moi ne peut être différent de moi-même. Et à me prendre moi-même au suprême degré d'élévation où je sois capable de parvenir, vous ne me trouverez jamais que dans la lutte, c'est-à-dire dans l'incertitude, dans une hésitation permanente entre la loi et la passion; nulle part dans le triomphe assuré de la loi sur la passion. Il faut que je prenne les principes en dehors de moi, en dehors de tout ce qui me ressemble, de tout ce qui m'est soumis, de tout ce que je puis employer à la satisfaction de mes passions. Dès lors il faut que je m'élève par la foi jusqu'à la science exacte et pratique de celui qui est le principe de la morale en même temps qu'il en est la sanction, en dehors duquel il est impossible de concevoir un principe où la raison se repose et une sanction devant laquelle se courbe notre orgueil. Partout ailleurs, c'est l'homme qui parle ou menace, et je m'en ris. Je suis homme aussi; ma raison ne se courbera jamais tant que je resterai un homme. Ma tête, vous la prendrez, si cela vous fait plaisir; ma volonté, vous n'y toucherez pas.

Enfin, et c'est la dernière conséquence qu'il me convient d'indiquer, l'intelligence et la volonté se trouvant ainsi transportées du domaine de leur activité naturelle dans une région étrangère où elles sont captives et infécondes, vous voyez arriver la déchéance des nations comme conséquence de l'abaissement des individus. Où la foi religieuse disparaît il n'y a bientôt plus de peuple; et si vous pouvez encore voir, groupés sur un point du sol limité par quelque paix honteuse ou par une conquête plus honteuse encore, des individus qui débattent des intérêts où leur satisfaction personnelle et temporaire est en jeu, mais où n'intervient plus la préoccupation de l'avenir et de la patrie, cela ne s'appelle plus un peuple! Cela n'a plus d'histoire

au nom de la France qui veut vivre et de l'avenir qu'elle ne croit pas perdu. Elle ne veut pas désespérer dans le malheur; mais comment l'espérance serait-elle où n'est pas la foi? Elle vous crie que son espoir est dans la réunion de tous les esprits et de tous les cœurs se rapprochant pour refaire le faisceau qu'ils ont formé autrefois. Mais la charité, qui ferait cette réunion, est-elle possible si la foi ne la produit pas? De l'espérance et de la charité vient la vie; mais elle vient surtout de la foi; et si vous ne ranimez pas la foi, où sera la vie? C'est donc à la foi qu'il faut revenir par toutes les aspirations et tous les efforts de notre pensée et de notre volonté. Car, vous l'avez entendu jadis d'une bouche plus autorisée que la mienne, « la foi est le principe de l'espérance, de la charité et du salut. »

DEUXIÈME CONFÉRENCE

DEUXIÈME CONFÉRENCE

DE L'ABSENCE DE VERTU DANS LA SOCIÉTÉ FRANÇAISE.

Monseigneur,

Messieurs,

Les maux dont nous souffrons ont eu pour première cause la déchéance de la foi, d'où résultent l'affaissement de la vie intellectuelle, la ruine de la morale, et par conséquent la désorganisation de la vie sociale. Telle est, messieurs, la doctrine que j'exposais devant vous il y a huit jours, et que je dois compléter aujourd'hui par l'étude d'une autre décadence en notre société française, celle de la vertu.

La foi n'arrive à produire la grandeur et la prospérité d'une âme ou d'un peuple que par la vertu, où elle devient visible et active parce qu'elle y devient vivante. La foi sans la vertu reste une puissance inerte que la langue de l'Église appelle morte avec d'autant plus de raison que la tombe où se corrompt la foi est pleine d'influences promptes à se répandre et fécondes en résultats mortels.

Pour grandir et prospérer encore, nous aurions dû faire vivre en nous la foi dans la vertu. Malheureusement il n'en a rien été : la foi nous manque, et c'est pourquoi nous pourrions nous en tenir à cette simple affirmation que la vertu ne nous a pas été possible. Ce serait assez, messieurs, pour la logique; ce n'est pas assez pour notre enseignement, et je vous prie de vous arrêter avec moi à l'étude de cette seconde déchéance, sinon pire, au moins plus saisissante que la première.

Si j'avais pu douter de votre bienveillance, messieurs, j'en trouverais la conviction dans le souvenir trop fidèle des paroles que je vous ai dites au sujet de la foi. Vous avez montré, comme je l'attendais de vous, que vous aimiez la vérité pour elle-même, et que je ne pourrais rien diminuer de ses charmes. Je dois vous en louer et vous en remercier comme du meilleur encouragement que je pusse recevoir. Merci, messieurs. Et à vous aussi, monseigneur, merci; vous avez été bon prophète, et votre bénédiction m'a vraiment porté bonheur.

I

Le nom de vertu convient à la fois à l'effort de l'être intelligent et libre vers le bien et à l'état que détermine la continuité de cet effort (1). Mais, dans les deux cas, le nom de vertu répond à l'idée d'une violence passagère ou continue dans laquelle s'opère la réaction en faveur du vrai et du bien, contre les penchants mauvais dont l'entraînement compromet le progrès.

Or, messieurs, cette violence est un effet et

(1) S. Thom. Aq., *Summ. theol.*, 1-2, q. LV.

une cause. Elle est d'abord l'effet d'une vigueur ou d'une force qui se constitue de la lumière où nous voyons le bien et de la liberté dans laquelle nous espérons l'atteindre. Elle est aussi la cause d'une autre force ou mieux de la même force agrandie et affermie par la lutte et la victoire. De telle sorte que notre vie s'agite dans un cercle où le combat naît constamment d'une force consciente d'elle-même, mais incertaine du succès, et engendre constamment aussi une autre force éprouvée dans le péril et confirmée par le triomphe.

La mesure de cette force est celle de l'homme. Si vous voulez savoir ce que valent ses pensées, ses désirs, ses espérances, il faut que vous ayez la mesure de la vigueur avec laquelle il lutte contre le mal en faveur du bien. Si la vertu est chez lui un acte facile ou un état assuré dès longtemps, vous pouvez dire de ses pensées qu'elles sont nobles, de ses désirs qu'ils sont généreux, de ses espérances qu'elles sont fondées. Si, au contraire, vous écartez de ses pensées, de ses désirs, de ses espérances, l'idée de cet effort vers le bien, rien n'y est capable de louange, parce que rien n'y est capable de grandeur et de fécondité.

Les peuples ne sont pas, dans la vie, d'autre condition que les individus, et le jugement dont on les apprécie repose sur les mêmes données. La vigueur avec laquelle ils luttent pour la conquête du bien sert donc de *criterium* à la philosophie de l'histoire. Dès lors, messieurs, les grandes nations ne sont pas celles qui se confient dans leur puissance, dans leurs richesses, dans la finesse de leur esprit, dans leur culture scientifique. Tout cela est d'ordre très-secondaire. Les grandes nations sont les nations qui croient à la nécessité du règne de la vérité et de la justice, qui s'y emploient dans l'adversité et dans la prospérité, et tiennent pour gagné ce qu'elles paraissent perdre quelquefois à ce jeu plein de mystérieuses alternatives. Ah! vous pouvez, sans vous troubler, contempler ces alternatives et même ces défaites. Elles sont de l'essence de la vie, et toute lutte les admet. Il n'y a pas de combat sans des heures d'incertitude où l'on peut croire la victoire et la déroute également probables; pas de progrès non plus sans ces élévations et ces abaissements tout transitoires dans lesquels celui qui se trouvait hier au sommet des choses paraît aujourd'hui abîmé dans les profondeurs de la défaite, presque dans la honte.

Quelles que soient ces alternatives et à quelle heure que nous nous arrêtions dans cette lutte, le progrès s'accomplit. C'est l'histoire de votre France! Après Clovis, voici Clotaire; après Charlemagne, Louis le Débonnaire; après François Ier, Henri III; après Louis XIV, Louis XV; après Austerlitz, Waterloo! Mais j'ai dit qu'il restait à ce peuple l'instinct, le désir, l'effort du bien. Après Clotaire, voici Charlemagne; après Louis le Débonnaire, Philippe-Auguste; après Henri III, Louis XIV. Dieu veuille que demain nous garde le même espoir, et que déjà, au ciel, les anges de la France écrivent les pages dont se glorifiera notre histoire à venir, si nous retrouvons la vertu.

De même les peuples sans honneur ne sont pas ceux qu'un malheur passager réduit aux extrémités les plus dures ou qu'une certaine simplicité, si vous voulez, une certaine rudesse des idées ou des mœurs nous fait appeler barbares. La fécondité appartient à la barbarie comme au malheur; la civilisation peut sortir de la barbarie comme la gloire peut naître de l'humiliation. Ce n'est pas là ce qui marque les nations en décadence. Mais les peuples où meurt l'amour du bien; les peuples qui ne tiennent plus en honneur, en suprême honneur, l'effort vers le bien; les peuples où ce qui se pense, ce qui se dit, ce qui se fait est étranger à cet effort, ce sont les peuples finis. C'est à ce moment que commence ou mieux c'est à ce moment que se consomme leur décadence; à ce point de décrépitude se rencontrent les Bas-Empires.

J'hésite à continuer; et cependant, messieurs, c'est mon devoir de dire et le vôtre d'entendre ce qui reste à entendre et à dire. Cet état d'inertie redoutable et répugnante, cet état sans honneur et sans espoir, cet état sans vertu, n'est-ce donc pas l'état où nous avons langui, où nous languissons encore? Ayons la dignité de notre misère et le courage d'un aveu qui, sans nous absoudre, nous permettra de regarder avec moins de remords et d'angoisse la tombe des ancêtres et le berceau des enfants! Cet état est le nôtre : nous avons manqué et nous manquons encore de vertu. J'en dirai tout de suite la raison, pour ne pas vous laisser le loisir d'une contradiction que vous regretteriez. Nous avons manqué de vertu parce que nous n'en avions pas l'estime ; et cette estime nous a fait défaut parce que nous n'avions même plus la notion qui la produit.

Il est de toute évidence que l'on ne saurait être porté à pratiquer la vertu quand on ne l'estime pas. Il est évident aussi que l'estime se proportionne à la notion qui la fait naître. Voyons d'abord en quelle estime nous avons tenu la vertu.

Le langage d'une époque donne assez exactement la mesure de l'estime où elle tient les hommes et les choses. Pour les nations comme pour les individus, la parole parle volontiers, suivant la sainte Écriture, de l'abondance du cœur (1). Non pas, messieurs,

(1) Matth. XII, 34.

que je veuille placer au premier rang des siècles vertueux ceux où le nom de la vertu se rencontre plus souvent sur les lèvres ou sous la plume des orateurs et des écrivains. A ce compte, le dix-huitième siècle serait l'âge d'or de la vie morale, et *la Nouvelle Héloïse* le code de la vertu. Mais il n'est pas moins vrai que si nous voulons savoir d'un âge ce qui est sa préoccupation la plus vive et la plus habituelle, il faut écouter son langage. Le nom de la vertu souvent répété prouve, dans la société qui le prononce ou l'impose, une préoccupation du bien où se suppose aisément l'estime. On ne tient pas à se dire vertueux dans les temps où la vertu ne rencontre que l'indifférence ou le mépris. Le dix-huitième siècle n'était pas encore tout ce qu'on désirait le faire, quand l'auteur d'*Emile* s'ingéniait à fausser l'idée de la vertu. Il lui restait, pour s'en dégoûter, à la voir avilie par les folies et les crimes qu'on allait bientôt abriter sous son nom.

Nous, messieurs, quel a été notre langage et quelle estime suppose-t-il de la vertu? Pour qui nous écoute avec attention, rien ne paraît plus étranger à la parole intime et à la parole publique que le nom de la vertu. Et veuillez le remarquer, messieurs, je n'ai pas en vue seulement ici ces publications ou ces leçons dont la grossièreté porte avec elle son remède dans le dégoût qu'elle inspire aux âmes généreuses. Mais, sous des formes mitigées plus habiles, par conséquent plus perfides et plus dangereuses, je retrouve la même doctrine dans les discours et les écrits des hommes applaudis par vous comme les vulgarisateurs de la science moderne, comme les initiateurs du véritable progrès, comme les maîtres de la jeunesse et les meilleurs conseillers de l'âge mûr. L'effet de ces doctrines n'a pas tardé à se produire, vous le savez aussi bien que moi, et plusieurs de vous peut-être en ont gémi plus que moi. Car Dieu est juste, et le mal fait ou permis retombe bientôt sur celui dont il est l'œuvre. Vous êtes pères, messieurs, et vous avez permis que vos enfants entendent railler la vertu, ne disons rien de plus. Et cette raillerie que vous avez soufferte, que vous avez applaudie, vous en souffrez à votre tour, parce que d'autres l'applaudissent contre vous. Un discoureur ou un histrion mettait en scène la vertu ridiculisée; l'auteur de ce scandale avait un nom; la raillerie vous semblait fine; elle obtenait du succès, une influence même qui défendait la contradiction. Vous ne vous contentiez pas d'applaudir peut-être, et vous preniez soin de relever les traits plus délicats à votre goût. Votre fils était là, conduit par vous, convié par votre exemple à applaudir. L'enfant, dans sa droite et généreuse nature, étonné, inquiet, troublé, irrité même, se demandait quelle était cette contradiction entre les leçons que vous lui imposiez ailleurs et celles qu'il voyait maintenant se produire devant lui avec votre approbation. Puis il se laissait persuader; il entrait, lui aussi, dans la voie des applaudissements. Pauvres enfants et plus encore pauvres pères! Il applaudissait à la ruine de la vertu, c'est vrai; mais, en même temps, vous n'y preniez pas garde, il applaudissait à la ruine de l'autorité paternelle. Maintenant vous en gémissez, et vous voudriez ressaisir cette vertu qui s'en va, faire remonter la pente à ceux que vous avez poussés vers l'abîme. Mais il est bien tard; puissiez-vous ne pas gémir toujours d'un gémissement stérile. Le mépris que vous avez enseigné est plus tenace qu'aucun autre sentiment mauvais; il emprunte une perversité toute particulière à l'objet qu'il profane et au principe qui l'a produit.

Vous le voyez, messieurs, je n'ai pas voulu passer certaines bornes et demander aux œuvres de ce siècle ce qu'elles expriment d'estime ou de mépris pour la vertu. Je ne veux pas toutefois que vous vous mépreniez sur la signification de cette réticence. Si le respect de cette chaire me l'impose, je ne désire pas qu'elle soit attribuée à des ménagements fort éloignés de ma volonté. Ce que vous avez vu partout, ce que vous avez laissé entrer partout, je ne veux pas qu'on m'accuse de l'avoir amené jusqu'ici, fût-ce pour une flagellation sanglante, mais qui aurait encore le malheur d'être publique. Ramenons la terre sur cette pourriture, et ne permettons pas plus à ses exhalaisons d'atteindre nos pensées, que nous ne permettons aux débris des champs de bataille de nous envoyer leurs fétides et mortelles émanations.

Mais l'estime de la vertu tient évidemment à la notion que nous en avons, et l'estime lui a fait défaut parmi nous, parce que sa notion nous manquait.

Si vous prenez garde, messieurs, à la manière dont est comprise et pratiquée l'éducation dans notre temps, vous serez frappés du peu de place accordé à l'enseignement de la vertu. Pour nous en tenir d'abord aux enfants des classes élevées, vous savez quelles sont à ce point de vue les leçons du collége. La vertu s'y présente à l'enfance comme un être sans figure arrêtée et sans action définie. Les héros, qui la font vivre et parler dans les écoles, lui ont donné cet éclat douteux que le paganisme mettait au front de tout ce qu'il divinisait. D'autre part, faites-y bien attention, en présentant la vertu aux regards et aux méditations de l'enfant comme l'état des âmes exceptionnelles, ou mieux comme un acte sublime dans une vie d'ailleurs vulgaire, on la relègue en des régions à peu près inaccessibles où la paresse naturelle à l'homme renonce à la poursuivre.

L'enfant du peuple paraît d'abord privilégié à ce point de vue, parce qu'il est davantage soumis à un enseignement exclusivement catholique. Mais la famille semble prendre à tâche de détruire à mesure l'œuvre ébauchée dans les courts instants passés sur les bancs de la classe ou du catéchisme; et l'enfant du peuple n'est pas plus avancé que son frère des classes privilégiées dans la notion de la vertu, lorsque tous deux arrivent à l'âge des passions. Si, à cet âge du moins, il leur restait un moyen de ressaisir cette notion effacée! Mais où la prendre? Je viens de dire comment vous l'estimez, comment vous en parlez : rien au monde ne sera donc plus étranger à la vie intellectuelle de cette jeune génération que la notion de la vertu. Ce n'est pas, je le sais très-bien, qu'il n'y ait encore, au besoin, facilité d'entendre mainte déclamation où la vertu semble glorifiée. Mais on se garde alors de la définir trop nettement, de peur sans doute qu'une définition trop précise vienne froisser les ridicules ou les vices d'un auditeur à ménager. Il reste bien la chaire chrétienne; mais elle n'a pas toujours l'honneur que vous lui faites ici, et d'ailleurs, si vous êtes, messieurs, la meilleure part de la cité, vous êtes aussi le petit nombre.

Il en résulte que le jeune homme ne trouvant nulle part la notion de la vertu, et constitué pourtant dans la lutte ouverte par les passions, ne trouve nulle part non plus de but déterminé, de règles précises pour assurer ses efforts et les diriger vers le terme où la virilité se complète. Cherchez bien, messieurs; vous ne trouverez pas en notre société moderne une notion, je ne dis pas exacte, mais précise de la vertu, et vous m'embarrasseriez bien fort en me demandant de combattre la définition que vous êtes supposés en accepter. Le temps est passé où la bravoure ne craignait pas de s'attaquer aux chimères, et je ne me sens pas la vocation de la remettre en honneur, d'autant plus que ma tâche serait plus difficile que celle des preux d'autrefois. Les chimères avaient au moins un visage, une stature, des mouvements que votre vertu ne pourrait pas revendiquer. C'est vraiment en pensant à cette notion absente et aux conséquences d'une si triste ignorance, qu'il sera possible plus tard d'excuser les artisans de mal à notre époque, puisque, suivant une parole célèbre, dans les temps comme le nôtre, le difficile n'est pas de faire, mais de connaître son devoir. Le Brutus antique, après s'être fait de la vertu un idéal dont nulle part il ne trouvait la réalisation, s'enfuyait du monde et rejetait la vie en s'écriant : « Vertu, tu n'es qu'un nom! » Mais, du moins, Brutus avait cru savoir quelque chose de la vertu, et son découragement succédait à un effort parti d'une conviction. S'il sortait de la vie dans le désespoir, c'était après lui avoir demandé une grandeur qu'il n'avait pas dépendu de lui d'y rencontrer. Moins heureux, vos fils, messieurs, jetteront peut-être leur vie à la plus méprisable des morts, après des jours où n'aura pas rayonné le visage lumineux de la vertu, et ils pourront lui envoyer l'injure de Brutus, plus amère, mais plus justifiée dans leur bouche : « Vertu, tu n'es qu'un nom! »

Ce n'est déjà que trop fait, et nous allons en voir les résultats dans la société.

II

La première conséquence de cette déchéance de la vertu, c'est l'invasion et le triomphe du sensualisme. La lutte où l'homme est engagé se définit, suivant saint Paul, la lutte de l'esprit contre la chair, des aspirations de l'esprit contre les convoitises de la chair (1). Ces deux éléments, l'esprit et la chair, sont en réalité deux puissances qui, en s'équilibrant, arrivent, suivant la philosophie antique, à faire l'homme complet, l'homme qui se repose dans l'effort sans la peine, et s'assure du succès sans redouter l'alternative passagère d'une défaite ou d'une victoire : *Mens sana in corpore sano.* Rompre l'équilibre, c'est évidemment préparer la décadence et la ruine de l'homme. Mais rompre l'équilibre, c'est le fait de la passion arrivée à la

(1) Galat. v, 17.

domination, et la passion doit dominer où la vertu ne lui fait pas contre-poids.

Aussi, la vertu absente de nos habitudes a-t-elle livré à la passion la plénitude de la vie, dont la chair est devenue maîtresse. C'est le caractère de notre activité.

D'autres siècles ont eu le goût de la vie intellectuelle au point d'en venir à des subtilités d'enseignement et de discussion qui semblent tout d'abord ridicules et le seraient en effet, si elles n'étaient la preuve d'une merveilleuse ardeur pour les choses de l'esprit. Notre siècle a fait le contraire; il s'est attaché aux joies de la chair; il les a poursuivies et raffinées à un degré que la civilisation païenne elle-même ne connut peut-être jamais. Il faut bien l'avouer, les esprits sont chez nous dans un état d'abaissement trop réel; la vie intellectuelle a presque cessé, et notre progrès scientifique est un mot dont nous sommes aisément satisfaits, mais dont l'âge qui vient se rira. Au contraire les joies de la chair sont vraiment dans un splendide progrès. Le luxe, le bien-être, les aises de toute nature — repas délicats, sommeil facile, habitations prétendues commodes, — le loisir, le repos sous toutes les formes, l'*endormissement* (le mot n'est pas français; qu'importe? il dit ce que je veux dire) : voilà les caractères de notre vie.

Pourvu qu'on arrive à ce résultat par des efforts plus ou moins continués, on est sage, on est accepté partout comme heureux. Je vous parlais, il n'y a qu'un instant, de l'estime de la vertu. Mais si vous ne savez pas, messieurs, ce qui a l'estime de notre siècle, mettez-vous donc bien en face de l'idée que j'expose, et voyez ce qui en découle. Notre temps estime le succès. Pourquoi? Parce qu'il donne la jouissance. Voilà le résumé de nos enthousiasmes. La conscience! à quoi bon? Le succès en tient lieu. Mais jouir, ah! voilà ce qui complète l'homme, ce qui le place véritablement au pinacle! Les autres vieilles ambitions même dévoyées sont envolées. L'ambition est un travers de l'esprit; nous n'avons plus d'ambition, ou bien, s'il est encore permis d'appliquer ce nom à quelque chose qui ressemble dans la vie de l'esprit à une agitation, je ne dis pas à un effort — mettez, si vous voulez, effort, — l'ambition n'est que le désir ardent de trouver plus ou moins de jouissances, de savourer plus ou moins de plaisirs, de s'endormir dans un sommeil plus ou moins profond. Voilà le dernier mot de presque toutes les pensées, de presque tous les désirs, de presque tous les amours de notre temps : jouir, satisfaire la chair.

Mais alors, messieurs, ne voyez-vous pas la conséquence? Ce n'est pas seulement l'abâtardissement de la race en laquelle triomphe le sensualisme, c'est encore la dissolution des éléments qui constituent cette nation ; c'est, par conséquent, la mort qui prend possession de ce peuple par l'égoïsme.

Les œuvres de l'esprit sont, de leur nature, expansives comme l'esprit lui-même. L'esprit est grand et fort autant qu'il se communique ; la pensée, l'affection, la volonté ont besoin de toucher, en dehors d'elles-mêmes, un être qu'elles conquièrent ; — qu'elles conquièrent pour l'enrichir ; — qu'elles enrichissent pour le rendre capable de les suivre à la recherche de ce qui les passionne. L'esprit est expansif ;

la chair a une loi toute contraire. Elle attire, elle concentre, elle ôte à tout ce qu'elle touche afin de s'assouvir et de se contenter; et c'est pourquoi, dans le temps où nous vivons, l'égoïsme trône indiscutable et indiscuté. Chacun pour soi, chacun chez soi; en dehors de ce principe et de ce qu'il produit, rien ou presque rien. Ne demandez pas aux hommes sensuels qu'ils sortent de l'étroitesse de leurs pensées, de leurs affections ou de leurs volontés, pour s'en aller chercher d'autres hommes, leur donner de leur surabondance et les entraîner avec eux-mêmes à la conquête des biens supérieurs. Non, non! Tout ce qui est jouissance sensuelle est d'autant plus délicat, d'autant plus complet qu'on s'est davantage renfermé dans le *chez soi*, et qu'on savoure un *pour soi* plus absolu. Si j'introduis quelqu'un dans ma vie, les lèvres au bord de ma coupe, la main dans la main que je serre, le cœur sur le cœur où le mien repose déjà, c'est partager ce plaisir; c'est donc le diminuer. Je ne veux pas qu'on le diminue; par conséquent, je ne veux pas qu'on le partage. Alors, arrière! Que me parlez-vous de charité? Le mot a vieilli, la chose plus encore. La charité était une vertu par laquelle on s'oubliait pour penser à autrui, par laquelle — tout au plus — on se mettait à l'égal d'autrui, sur une route où, la main serrant la main, avec une commune pensée et des volontés semblables, on s'en allait du même pas, se soutenant l'un l'autre dans une même destinée et l'espoir d'un bien qui n'était pas diminué pour être partagé. Mais maintenant, maintenant que le bien désiré est placé non plus dans les régions de l'infini, mais sur la terre où ses bornes sont vite trouvées; maintenant qu'il est placé non plus dans l'éternité, où tous les temps lui appartiennent, mais en ce temps où quelques heures seulement le mesurent, comment voulez-vous qu'on le partage? La charité ne semble plus possible. Les heures du plaisir sont trop rapides; à moi toutes ces heures! L'espace où s'ébat la volupté est trop restreint ici-bas; alors à moi tout cet espace! Quoi! vous voulez que j'y invite quelqu'un pour qu'il me prenne un peu de l'ombre, du soleil, du temps ou de la jouissance? Mais non.

Me reprocherez-vous, messieurs, de charger à plaisir le tableau sans tenir compte des rayons qui pénètrent encore dans ces ténèbres? Vous auriez tort. Je n'oublie rien des grands spectacles auxquels nous a conviés tout récemment encore la charité chrétienne. Mais ils ne sont pas le fruit des enseignements favoris de ce siècle, et c'est pourquoi je ne puis lui en faire honneur. A chacun sa part.

L'égoïsme est la loi nouvelle, la conséquence fatale du sensualisme.

Et alors, vous voyez venir la troisième conséquence, la déchéance du patriotisme; car le patriotisme, c'est la charité étreignant entre ses bras non plus quelques individus, non plus une famille, non plus une cité, mais tout un peuple, dans le saint baiser où se puise toujours une vie nouvelle, inébranlable aux coups de l'adversité.

Le patriotisme! nous en avons beaucoup parlé, messieurs; mais quels sacrifices lui avons-nous faits? Ah! s'il ne s'agissait que d'étaler sur la voie publique des parades et des clameurs; s'il ne s'agissait que de s'en aller, tambours battant et bannières déployées, visiter les débris d'un ordre de choses plus ou moins applaudi; s'il ne s'agissait que de faire, en passant, des offrandes qui ne diminuent pas la jouissance réelle, ah! oui. A ce compte, nous avons été d'ardents patriotes! Mais s'il fallait sortir de cette existence depuis longtemps arrangée au gré de nos désirs pour en subir une autre où nous fussions, pour ainsi dire, étrangers; s'il fallait sortir de la jouissance pour rentrer dans une activité où la seule joie qui restât fût celle du devoir; s'il fallait sortir de la vie pour rencontrer la mort, eh bien, messieurs, soyons francs, le patriotisme n'a pas été la vertu du grand nombre.

Vous en avez d'étranges preuves à tous les points de vue de la question. Ne montons pas trop haut! Il s'agit seulement de nous amener à dire tout haut que nous sommes des hommes d'ordre. N'y songez pas. C'est peu cependant. On nous demande l'expression de notre volonté, à l'heure critique où notre vote, un acte facile en sa promptitude et son secret, peut sauver le pays. Pas du tout. Il faudrait peut-être s'imposer le retard de certaines joies, et ne voyez-vous pas que la famille nous réclame, que le soleil est tout jeune, que les champs reverdissent, que la villégiature a déjà pris pour d'autres la place de la vie étroite et maussade imposée par des murs que le siége a noircis et démantelés? N'attendez pas tant d'héroïsme! Le patriotisme a fait son temps! Et le grand nombre s'en va, s'étonnant que la société soit en péril, demandant pourquoi nous ne sommes plus un grand peuple. Un grand peuple est celui où tous les citoyens croient se devoir au pays. Lorsque, tout récemment, on nous demandait, non plus du sang, messieurs, mais une pensée intelligente, une parole énergique, une démarche significative, le pays l'a-t-il obtenu? De quelques-uns, oui; mais de tous?

Ne vous en étonnez pas! Le patriotisme ne peut pas vivre où règne l'égoïsme. L'égoïsme, au contraire, a des droits souverains là où s'introduit le sensualisme; et l'absence de vertu peut livrer l'âme la plus haute au sensualisme le plus abject.

Ah! messieurs, puisqu'il faut conclure,

laissez-moi évoquer la pensée de l'heure présente. Je sais que les chaires chrétiennes ne paraissent pas faites pour ces leçons; mais il y a des heures où la chaire est la seule tribune d'où la vérité puisse encore arriver aux peuples, les heures où la chaire devient pour ainsi dire l'arche où se réfugie tout ce qui reste d'intelligence, de noblesse et d'énergie dans une nation. Eh bien, que de ce lieu où la vérité s'assied délaissée s'élève au moins une voix, la voix *qui crie du désert* (1), comme celle de Jean-Baptiste, avec l'espoir de préparer la régénération. Messieurs, depuis que pour la première fois j'ai abordé cette chaire, notre humiliation s'est complétée, et le calice non-seulement s'est rempli, mais il a débordé. Nous avons vu, dans cette capitale de la civilisation, le vandalisme moderne étaler ce qu'il appelle sa victoire. Nous avons subi cet affront, et l'on nous a imposé avec raison, puisque le contraire eût été une folie, l'on nous a imposé de voir sans frémir et d'entendre sans protester! On nous a interdit de jeter à la porte cette soldatesque

(1) Joann. I, 23.

qui violait notre seuil. On a mis sur un cœur qui n'avait pas toujours su battre de cette palpitation une main qui en comprimait les battements. Ah! messieurs, pourquoi Dieu nous a-t-il livrés à cette ineffable douleur? Pourquoi cette profanation de nos foyers? Pourquoi ce silence imposé? Pourquoi cette mort (agonie serait trop peu dire), cette mort apparente de la France?

Pourquoi? Vous le savez! Parce que la vertu nous a manqué hier, aujourd'hui la honte et la douleur nous abreuvent. Nous avons laissé ravir deux de ces provinces sœurs dont se constituait la famille française! Nous avons laissé arracher à notre écusson deux des lis ou des abeilles historiques! Nous avons laissé emporter des lambeaux de l'oriflamme! Nous avons laissé déchirer le drapeau d'Austerlitz! Encore une fois, pourquoi, messieurs? Parce que depuis longtemps le patriotisme nous manquait avec la vertu, et que l'effort de la dernière heure n'a pu racheter les défaillances du passé.

Eh bien, messieurs, protestons que s'il nous faut subir cette honte dans le présent, nous n'entendons pas la subir longtemps dans l'avenir! Écartons, je le veux bien, tout ce qui est souvenir, puisque tout y est amertume; mais protestons que nous ne voulons pas sacrifier l'espérance! On nous les prend! Non pas; nous les reprendrons! Non pas, on ne nous les a pas prises. Notre main n'est pas sortie de là, puisque notre volonté n'en est pas partie. Il faut qu'on le sache, il y aurait une fraude indigne de nous à laisser croire le contraire. Nous les reprendrons — le plus tôt possible; c'est là notre intention. Mais, sachez-le bien aussi, messieurs, nous ne les reprendrons que si le patriotisme nous jette sur elles, comme l'aigle sur sa proie; non plus l'aigle vieilli, blessé, condamné au silence et à l'inaction, mais l'aigle dont la jeunesse se refait dans la gloire, selon la parole du Psalmiste (1). Nous les reprendrons dans un irrésistible patriotisme, mais à condition que nous les réclamerons dans la vertu. Jamais, s'il plaît à Dieu de déchirer ces traités sanglants, comme nous l'attendons de sa justice et de sa miséricorde; — jamais,

(1) Psalm. CII, 5.

s'il plaît à Dieu de rattacher au cœur de la patrie ces parties de l'héritage antique perdues par notre faute; — jamais l'Alsace et la Lorraine ne rentreront dans la vieille France que par la porte ouverte, dès l'heure présente, de la foi vivante dans la vertu.

TROISIÈME CONFÉRENCE

TROISIÈME CONFÉRENCE

DE LA DÉCHÉANCE DE L'ESPRIT DE FAMILLE.

MONSEIGNEUR,

MESSIEURS,

Dans nos deux précédentes conférences, nous avons étudié successivement la déchéance de la foi et celle de la vertu dans notre société française. La dernière nous montrait la vertu absente de nos œuvres, parce que nous en avions perdu l'estime et la notion. Cette absence de vertu prépare l'invasion du sensualisme et son triomphe dans toutes nos habitudes; et comme ce sensualisme ne peut rester sans effets, nous avons montré à sa suite l'égoïsme faussant notre activité privée et publique, jusqu'à faire du patriotisme un mot sans prestige et sans efficacité.

Si nous avons, messieurs, à constater cette double décadence de la vie intellectuelle et morale, il nous faut, pour l'expliquer, remonter de nous-mêmes à une influence qui nous atteint avant même que nous soyons en ce monde. Nous sommes ce que nous fait la famille; et si l'on nous a trouvés bien au-dessous du devoir; si nous sommes sortis du progrès et de l'espérance, la raison en est que la famille est profondément atteinte du mal dont nous souffrons. Nous sommes sans convictions d'aucune sorte, parce que la famille ne nous a pas faits intelligents et croyants; nous avons cessé d'être vertueux, parce que la famille a cessé avant nous de connaître, d'estimer et de pratiquer la vertu.

Messieurs, je ne dis rien d'étrange, rien qui vous doive surprendre; il me suffirait, si vous éleviez quelque protestation, de vous rappeler ce que j'entends partout. Vos plaintes ont pour objet ordinaire cette décadence de la famille; et si je voulais mettre à l'unisson vos pensées et mes discours, ce ne seraient pas les quelques heures dont je dispose qui suffiraient au développement de l'idée telle qu'elle se présenterait alors à mon esprit et devrait être exprimée devant vous. Aussi je me borne à deux considérations principales, à ce qui motive, me semble-t-il, vos plaintes les plus fréquentes et les plus légitimes, l'absence de l'esprit de famille et la mauvaise éducation des enfants.

Aujourd'hui, messieurs, je parlerai de l'esprit de famille. Je crois, en abordant cette étude, ne rien faire qui vous étonne, rien d'inattendu. La suite des idées nous y amène, je viens de vous le dire; mais quand même je devrais ainsi faire à la logique une injure apparente, il ne me serait pas loisible de fermer plus longtemps l'oreille aux plaintes qui montent même de votre silence. Elles sont nombreuses, c'est vrai, et je n'ai le droit d'en mépriser aucune. Mais vous êtes pères pour la plupart, messieurs, et de toutes vos plaintes, la plus amère n'est-elle pas celle que vous arrache l'esprit de famille disparu? C'est pourquoi je m'y arrête avec vous aujourd'hui.

Nous avons à dire, en premier lieu, la nature et les effets de l'esprit de famille; puis, conformément à l'ordre que nous avons suivi jusqu'à présent, nous indiquerons les maux produits par son absence. Et d'abord quelle est sa nature et quels sont ses effets?

I

Nous appelons *esprit de famille* l'attachement à la famille, à la vie de famille et à tout ce que cette vie contient de devoirs et de joies.

De tous les attachements dont l'homme est capable, celui-ci est évidemment le plus logique. En effet, il est le plus naturel et le premier dans l'ordre des affections. Par cela seul que nous sommes entrés dans la vie, fils d'un père avec qui nous formons une famille, nous sommes constitués dans un ordre de choses où s'imposent des relations, principes des devoirs les plus hauts et les plus difficiles quelquefois, c'est vrai, mais aussi d'où naissent des joies plus nombreuses, plus pures, plus vives, plus fécondes que toutes les autres. Aucun attachement ne devance celui-là; et de même qu'il est le premier dans l'ordre du temps, il l'est aussi par la dignité. C'est à lui que nous devons les premiers et les plus efficaces secours dont notre vie est affermie. Partout ailleurs, si vous cherchez parmi les influences qui peuvent atteindre l'esprit ou le cœur, développer les forces de l'intelligence ou de la volonté; si vous cherchez, dis-je, ce qui produit une joie, motive la reconnaissance, impose un devoir, vous ne trouverez rien qui soit à l'égal de ce que vous devez à la famille. En effet, partout ailleurs, ce que vous recevez s'ajoute, se superpose à quoi? A ce que vous avez trouvé dès la première heure de votre existence, à ce qui vous attendait dans votre berceau, à ce qui vous était préparé, messieurs, dans la pensée qui précédait votre existence, dans l'amour qui devançait même cette pensée. Car vous n'étiez pas encore, et déjà, par l'esprit de famille, l'amour vous pressait. Vous n'étiez pas encore, et déjà vous aviez une large place dans la vie de votre père et de votre mère. Vous n'étiez pas encore, et déjà on bâtissait pour vous des châteaux en Espagne, je le veux bien, mais les plus brillants, les plus aimés, les plus difficilement sacrifiés. Vous n'étiez pas encore, et déjà l'esprit de famille s'était emparé de votre vie, la modelait, y disposait toute chose à la meilleure place. Non-seulement il y avait pour vous des secours tout prêts, comme il y avait pour vous une destinée toute faite; mais il y avait aussi pour vous, à votre bénéfice, veux-je dire, des sacrifices dès longtemps accomplis.

Il y avait aussi déjà des joies qui venaient de vous; il y avait la reconnaissance, il y avait la gloire, il y avait tout ce qui peut rendre la vie douce, tout ce qui peut la rendre forte. On vous donnait et vous donniez. Votre berceau reste, messieurs, dans la longue suite des espaces franchis, la place la plus rayonnante, la plus aimée et aussi peut-être la plus vénérée, parce que c'est la plus féconde où vos pieds se soient jamais arrêtés. Combien de berceaux ne tiennent pas leurs promesses! que de fois cet ensemble de douleurs acceptées et de sacrifices accomplis devant eux est insuffisant à ramener plus tard au foyer paternel les fils de tant d'amour!

Mais indépendamment des titres que nous venons de faire valoir, cet amour a encore sur tous les autres la primauté par l'étendue et la durée de son action.

Nous restons à peu près toujours ce que nous avons été dès la première heure de notre existence. L'homme est tout entier dans l'enfant. Par conséquent, tout ce que l'homme possède de force, tout ce qu'il goûte de joie, tout ce qu'il exerce d'influence lui vient plus ou moins de cette heure où la langue de la mère a délié la langue de l'enfant, — de cette heure où le sourire de la mère a provoqué le premier sourire de l'enfant. Si nous n'avions pas alors reçu la notion exacte de la vie intellectuelle et morale; si on n'avait pas surveillé, réglé les premiers élans de notre nature, nous ne serions nulle part ni jamais des hommes capables de domination sur eux-mêmes, de victoire contre aucune passion. Il n'y a rien dans votre existence qui ne se rattache à ce premier moment; et, si vous voulez y donner quelque attention, fussiez-vous arrivés au sommet des choses, comptés parmi ceux qui modifient les destinées des nations, parmi ceux qu'on appelle le plus justement les grands hommes, vous ne pourriez pas oublier la parole de Bossuet : « Les « grands hommes se forment sur les genoux « de leurs mères. »

Ainsi, à quelque point de vue que nous nous placions, l'affection de la famille est le premier des attachements. Sans doute, messieurs, il est permis de mettre ici quelques restrictions. L'attachement à la famille est le premier par l'heure où il aborde notre vie morale, le premier par l'action exercée dans la formation et dans l'affermissement de la vie. Mais, par cela même, il a un défaut : c'est d'être plus exclusif, plus absorbant que tous les autres attachements. Vous l'avez remarqué, plus une affection est puissante sur le cœur de l'homme, plus aussi elle revêt ce caractère, en raison duquel l'homme sert plus absolument, plus exclusivement l'objet de son affection. De là, dans l'histoire, des exemples malheureusement trop fréquents d'un amour attachant les meilleurs esprits, les volontés les plus énergiques, les cœurs les plus généreux à des intérêts tellement localisés, tellement exclusifs, que tout ce qui a droit d'ailleurs à leur souvenir et à leur concours est mis en oubli. De là, dans certains princes même des plus illustres, ce que l'histoire flétrit du nom de népotisme, c'est-à-dire le besoin de prendre sa famille quelquefois très-bas pour la faire monter aussi haut que possible; le besoin d'exalter des êtres sans valeur, en mettant la vérité sous les pieds des idiots et la vertu à la merci des scélérats. De là ce véritable besoin de sacrifier des peuples à une race; de mettre tout ce qui est intelligence et force dans une nation au service d'un pitoyable intérêt. De là ces décadences où l'histoire nous montre des États et des siècles s'en allant, par la voie la plus méprisable et la plus désastreuse, celle des intérêts dynastiques. C'est vrai, messieurs; et, sans nous élever si haut, de là ces passions mesquines qui font sacrifier le devoir aux intérêts mal compris des enfants ou d'une autre affection de famille; de là cette activité fiévreuse, ordinaire à notre époque, qui a pour raison le besoin de laisser un héritage meilleur, de préparer une influence plus haute, de pousser plus avant ceux qu'on aime dans des affaires pour lesquelles ils ne sont pas faits; de là ce besoin d'écarter le mérite pour faire place à l'intrigue; de là ce besoin de déprécier la vertu pour servir des passions égoïstes.

Tout cela est vrai, messieurs. Mais toutes les affections humaines ont le même tort; il n'y en pas qui échappent à cet esprit d'exclusivisme, et dès que nous sommes fortement atteints par un amour, il nous enferme dans des limites que son ardeur définit et ne nous permet pas de franchir, sous peine de sacrifier l'une des joies ou l'une des puissances qu'il met à notre disposition.

L'esprit de famille n'est donc pas de moins bonne condition que les autres attachements, et même, si vous y faites attention, vous verrez qu'il est de condition meilleure; car il n'y en a pas un autre qui ait un mobile plus élevé, un champ d'action plus vaste, qui trouve aussi, dans les nécessités de la vie ordinaire, plus de préservatifs et suppose de plus larges compensations. La société ne peut pas se plaindre de ce qu'il a d'exclusif, puisque la famille est sa pierre angulaire, de même que tout ce qui s'y rencontre d'intelligence, d'énergie, de puissance, est mis au service de la société. Le bon fils est nécessairement un honnête homme et un citoyen recommandable. De même il n'est pas possible de concevoir l'affection paternelle allant chercher le fils, ou l'amour filial remontant vers le père, sans qu'immédiatement apparaisse une autre notion sur laquelle la société est bâtie : celle du prince attentif aux intérêts du sujet, et celle du sujet gardant sa dignité dans l'obéissance, par le sentiment de la force que sa vie emprunte à l'affermissement de l'autorité suprême. Ainsi, messieurs, à tous les points de vue, l'esprit de famille nous apparaît comme éminemment désirable où il n'existe pas, et comme un bien qu'il faut garder à tout prix où il se rencontre.

Pour achever de mettre cette vérité en lumière, donnons un moment d'attention aux effets de l'esprit de famille dans sa sphère propre d'action, c'est-à-dire dans la famille elle-même.

Le premier effet, c'est évidemment la prospérité de la famille. Les membres, rapprochés par un vif attachement, mettent en commun tout ce qu'ils ont dans l'esprit et tout ce dont est capable leur énergie, les biens de l'ordre moral et ceux de l'ordre matériel. Les âges passés, messieurs, ont admiré cet effet que nous ne connaissons plus guère, les familles puissantes. S'il y avait à la situation qui en résultait des inconvénients, comme il y en a dans toutes les choses humaines, avouez qu'il y avait aussi de précieux avantages à la forte constitution de ces familles, où les membres nombreux, rapprochés par une affection pleine de dévouement et prête au sacrifice, formaient des associations capables de faire contre-poids à la tendance innée chez l'homme vers la domination excessive, tranchons le mot, vers la tyrannie. Dans les classes élevées, ces familles étaient le contre-poids naturel de l'autorité suprême; dans la bourgeoisie, elles étaient le contre-poids naturel aux passions qui peuvent agiter une cité; et jusque dans les classes inférieures, la forte constitution et la prospérité des familles étaient une contre-garantie toute tyrannie, qu'elle vînt d'en haut ou des sphères intermédiaires. Aujourd'hui, les familles sont peu nombreuses, et les membres qui les constituent se désunissent. Vous avez, d'aventure, deux ou trois énergies rapprochées ou plutôt juxtaposées, avec des intervalles qui ne permettront jamais un complet rapprochement. Que peuvent être ces familles? Un contre-poids? A quoi, s'il vous plaît? Aussi, lorsque vous étudiez les conditions de notre existence sociale, vous trouvez que nous sommes perpétuellement balancés entre ces deux alternatives : un pouvoir dont la pente fatale est vers la tyrannie, et une soumission que la force empêche seule de constituer la révolte à l'état permanent.

Mais ce n'est là qu'un premier effet. Il y en a un autre qui vous touchera peut-être davantage ; c'est que cet esprit fait la force de chacun des membres de la famille..

Nous aurons beau dire, messieurs, quelles que soient nos théories sur la liberté individuelle, l'égalité des hommes entre eux, ou la valeur de l'initiative personnelle, il ne sera jamais indifférent parmi nous d'être fils de tel père ou de tel autre. Il y a des jours dans la vie, quoi que nous disions, où le fils d'un honnête homme n'est pas l'équivalent du fils d'un scélérat. Quoi que nous disions et quoi que nous fassions, il n'est pas égal, à certaines heures, de porter le nom d'un inconnu ou d'être l'héritier d'un Montmorency; pour le plus indifférent, ce n'est pas du tout la même chose. Si vous avez, à certains moments, rencontré un sourire, un serrement de main, une parole affectueuse, une promesse consolante, une faveur même qui établisse votre vie sur des bases indestructibles, à quoi le devez-vous, messieurs, sinon à ce que vous êtes l'enfant de tel ou tel père, à ce que vous appartenez à telle ou telle famille? Mais évidemment, plus vous serrez les membres de cette famille comme en un faisceau, plus aussi son influence est active au bénéfice de chacun. Laissons les intérêts matériels de côté. Plus vous serrez les membres de la famille, et plus ce qui vient des traditions, des exemples, de l'expérience acquise, du conseil ou de la réprimande, agit sur l'homme; et c'est le second effet de l'esprit de famille, meilleur que le premier. Car enfin, il y a des heures dans la vie des peuples où l'on ne tient plus compte des souvenirs, où l'on fait peu de cas des grands noms, où l'homme a besoin de compter uniquement sur soi-même. Nous sommes dans ces temps, et ce qui précède a pu vous paraître venu de trop loin pour avoir son application dans votre vie. Soit : voici qui ne peut pas être mis de côté. Vous vaudrez par vous-mêmes? C'est bien; mais dans quel sens l'entendez-vous? Sera-ce tout à fait en dehors des traditions de famille, de l'expérience de ceux qui vous ont précédés dans la vie, abstraction faite de leurs exemples, de leurs réprimandes et de leurs conseils? Mais non, messieurs. Si vous livrez l'homme complétement à soi-même, et que vous le sépariez de cet ensemble de garanties, quelle valeur lui accorderez-vous encore? L'esprit de famille a son plus grand prix d'après cette considération.

Les traditions de famille, je ne pense pas, messieurs, que je me doive arrêter longtemps à les vanter devant vous. Tous nous avons quelque part un sanctuaire où nous mettons à la meilleure place, bien en lumière, de façon que les yeux et le cœur les rencontrent d'abord, les portraits de famille; le père qui n'est plus, mais dont les vertus sont restées vivantes; la mère qui s'en est allée, mais dont le cœur est toujours avec nous; le frère que nous avons préféré, la sœur dont le radieux sourire illumine encore notre existence; que sais-je? tous ces êtres bien-aimés qu'on peut mettre hors de notre vie, mais qu'on ne peut pas mettre hors de notre amour. Ils sont là! Eh bien, messieurs, dites-moi, je vous prie, s'il y a, dans l'âme la plus troublée et dans les heures les plus désastreuses, place pour certaines pensées, pour certaines résolutions, devant ces images dont l'aspect nous est si cher? Vous savez bien que ce n'est pas possible!

Dans un drame célèbre, le héros, sollicité par son maître de trahir l'hospitalité, prend le prince par la main, et, le conduisant dans la galerie des ancêtres, il énumère les titres de chacun d'eux à l'estime et à l'admiration. Puis, ayant dit ce que fut le premier, ce que fut le second, ce que fut le dernier, il s'arrête, et rappelant la trahison qu'on lui demande, le front levé vers les portraits : « Vous tous, « dit-il, qui entendez ce qu'on me propose, « répondez (1)! »

Il n'est pas possible, n'est-ce pas, messieurs, de faillir devant ces images? Mais ces visages sont non-seulement devant nos yeux, ils restent, par la tradition, devant nos âmes. Cette tradition est la meilleure part de notre grandeur; et quand il nous arrive de faire une action digne de louange, nous devons dire à notre orgueil, comme le héros du drame : « Altesse, saluez! » Car alors se dressent devant notre grandeur ces grandeurs dont le reflet arrive toujours affaibli jusqu'à notre vie, puisque, quoi qu'il fasse, le plus illustre des fils sera toujours inférieur à sa mère.

(1) V. Hugo, *Hernani*.

Après la tradition, l'exemple; après l'exemple, le conseil; après le conseil, la réprimande; c'est-à-dire toute la vie soumise à un ensemble de surveillance, de préservation, d'encouragement, de répression, d'où vient que l'homme n'étant jamais abandonné aux incertitudes et aux défaillances de sa nature, ne peut, semble-t-il, faire le mal. Chacun de ceux qui sont ici et à qui la famille envoie de loin quelque souvenir où l'attachement prend la meilleure part, peuvent en rendre témoignage. Presque tous ici, messieurs, nous avons un peu vieilli. Tant mieux! nous avons des souvenirs que les plus jeunes n'ont pas; nous pouvons remonter dans le cours de ces souvenirs, et nous arrêter à la pensée de cette vie de famille dont le temps présent n'offre plus le spectacle. Nous avons eu des pères! Nous sommes les fils de véritables mères! Eh bien, tous rendons-leur témoignage! Souvenez-vous de ces heures où le père, se dégageant avec joie de la vie extérieure, revenait s'asseoir au foyer domestique. Là, entre ses genoux, la tête sur sa poitrine, il nous laissait attacher notre regard, ce regard fixe et interrogateur des enfants, sur ses yeux qui nous parlaient avant même que les lèvres fussent ouvertes. C'est là que nous recevions les leçons du véritable honneur, les leçons du devoir et du sacrifice. On ne nous apprenait pas, messieurs, que nous avions besoin de tant de jouissances, — que nous avions le droit de nous passer de notre père, — que nous avions pour destinée de vivre dans l'isolement et dans l'égoïsme. Mais ce qu'on nous apprenait, nous l'avons gardé ; et si nous valons aujourd'hui quelque chose, c'est parce que nous avons encore souvenir d'autrefois.

Vous souvient-il surtout de cettte mère, notre mère, qui nous attirait après le père, et tempérait par la douceur de ses leçons la rudesse parfois pénible des leçons paternelles? Ainsi nous montions vers le bien, sans effort pour ainsi dire, portés que nous étions sur les grandes ailes de la sagesse et de l'amour! Dites, messieurs, vous en souvient-il encore? Vous souvient-il de ces répressions que le père n'avait pas osées dans sa prudence, mais que la mère osait dans son amour? Vous souvient-il de ces douces réprimandes? Vous souvient-il de ces corrections toujours mitigées? Vous souvient-il de ces larmes surtout qui parlaient plus éloquemment que les paroles? Eh bien, messieurs, c'est par tout cela que nous valons quelque chose. Si nous sommes vraiment des hommes, s'il reste ici quelques Français, c'est que l'esprit de famille n'était pas mort quand nous sommes venus au monde, et que son dernier reflet dans notre société a illuminé notre existence.

Mais il est parti, messieurs, et nous allons dire quelles sont les conséquences de cet exil. C'est la seconde part de ce discours.

II

Je ne sais pas, messieurs, s'il vous est arrivé quelquefois d'arrêter votre pensée au mal qui frappe d'abord les yeux, dans le siècle où nous vivons, et qui nous interdit — autant qu'il est permis de parler ainsi, — qui nous interdit l'espérance. Ce mal, c'est la défiance.

A l'heure où nous voici, le malheur semblait avoir fait l'œuvre indiquée par le comte de Maistre : « Nous avons besoin, disait-il au commencement de ce siècle, nous avons besoin d'être broyés afin d'être fondus. » Broyés, nous l'avons été; fondus, nous ne le sommes pas. Et la raison pour laquelle nous ne sommes pas fondus, c'est la défiance qui nous sépare.

Le mal ne date pas d'aujourd'hui, messieurs. Je vais dire une parole qui vous scandalisera peut-être; veuillez me pardonner en faveur de la vérité trop évidente de ce que j'ai à vous dire. Ce mal date des premières heures de notre prétendue rénovation, des premières heures de la révolution française. Lorsque se réunirent pour la première fois les hommes qui, sous le nom d'états généraux, devaient apporter remède aux maux trop réels dont se plaignait la France, il semblait, n'est-ce pas, que ce qui devait faire leur force, c'était leur union? Or, messieurs, l'histoire en est l'irrécusable témoin, leur première affaire fut de se diviser parce qu'ils se défiaient les uns des autres. Le tiers état se défiait du clergé; la noblesse se défiait du tiers état; les trois ordres se défiaient plus ou moins du prince, qui se défiait plus ou moins de chacun des trois ordres. Telle était la situation : aussi qu'arriva-t-il? Le jour où Mirabeau lança la fameuse apostrophe : « Allez « dire à votre maître que nous sommes ici par « la volonté du peuple, et que nous n'en sor- « tirons que par la force des baïonnettes », il commit un mensonge que son emphase ne suffit pas à excuser. Il n'y avait rien à faire sortir de ce lieu par la force des baïonnettes, parce qu'il n'y avait plus rien qui s'y trouvât par la volonté du peuple, la volonté du peuple n'étant pour rien dans cette œuvre. Le peuple voulait qu'on fondît les divers éléments séparés par le temps; le peuple voulait donc une œuvre de confiance. Eux, Mirabeau en tête, ne faisaient rien de plus, à cette heure, que l'œuvre de la défiance.

Nous avons vécu depuis dans les mêmes conditions, messieurs, et c'est pourquoi le sol tremble sous nos pieds. Est-ce donc qu'il manque des hommes intelligents à notre France? Est-ce donc qu'il lui manque des hommes de cœur? Est-ce donc que, sous les diverses formes des partis, il n'y a pas de hautes pensées, des volontés prêtes aux plus durs et aux plus féconds sacrifices? Nous croyons tous le contraire. Malheureusement, il y a un abîme infranchissable entre ces hommes, entre ces idées. Celui qui appartient à tel camp se promet de ne jamais se rapprocher de celui qui est dans tel autre camp. Les enseignes d'un parti entendent bien ne jamais s'allier aux enseignes de l'autre parti. Pourquoi? Ne veulent-ils pas tous que la France soit grande? Tout au contraire. Ils le disent, ils le croient; et c'est vrai. Mais ce qui ne leur permettra jamais de voir la France prospère; ce qui fait, au lendemain de nos malheurs, que nous sommes menacés de maux plus grands encore; ce qui nous fait craindre maintenant les commotions intérieures succédant aux douleurs de l'invasion; ce qui nous rend tristes et nous donne raison d'être tristes, c'est la défiance. Nous ne nous confions pas les uns dans les autres; nous nous haïssons, nous nous méprisons; il n'y a pas moyen de rapprocher les idées, parce qu'il n'y a pas moyen de rapprocher les hommes. Je me trompe : il reste un moyen que vous verrez agir, hélas! peut-être trop tôt. La mort rapproche souvent chez nous, dans la guerre civile, ceux que la vie n'a pas rapprochés dans l'amour désintéressé de la France.

Cette défiance vient de ce qu'il n'y a plus entre nous de liens d'amour et de respect. Car enfin, messieurs, il faut bien l'avouer, ce sentiment-là est un sentiment justifié. Nous avons cessé de nous aimer, nous avons cessé de nous respecter; est-il possible que nous ayons confiance les uns dans les autres? Non. Mais par où ce mal a-t-il commencé d'entrer dans notre vie publique? Lorsque, il y a près de cent ans, on débutait dans l'œuvre de notre rénovation par la défiance, c'est-à-dire par ce qui devait rendre cette œuvre impossible, le mal n'avait-il pas commencé d'agir? Je vous demande pardon; il avait commencé ailleurs ses ravages. La famille avait, par sa décadence, annoncé la ruine de la société.

Le dix-huitième siècle avait détruit la famille. Je n'ai pas besoin d'essayer ici aucun tableau : les mœurs dont le souvenir revient à ma pensée sont aussi présentes à la pensée de tous ceux qui m'écoutent. Vous savez ce qu'était devenu le père, ce qu'était devenue la mère; vous savez, par conséquent, ce qu'était devenue la famille au dix-huitième siècle, d'abord dans les classes élevées, d'où ce mal devait descendre dans les classes inférieures. Et maintenant, voyez ce qu'est la famille parmi nous. A quelques exceptions près, vous la trouvez souffrant du même mal que la société, la défiance, dont la raison, pour la société comme pour la famille, est dans l'absence d'amour et de respect.

La défiance! Quelle est la plainte des pères? Messieurs, vous êtes pères, et voici votre plainte, toujours la même : vous n'êtes pas les confidents de vos fils. Ils ont, avant tout, le souci de vous cacher leur vie; par hasard seulement vous parvenez à glisser dans leurs œuvres un regard qu'ils évitent et une main qu'ils détestent. Le plus possible ils vivent en dehors de vous. La mère fait la même plainte. Autrefois, la jeune fille et la mère semblaient n'avoir qu'une âme et qu'une pensée. Aujourd'hui, tout est changé. La jeune fille fait comme son frère, elle s'isole le plus possible de sa mère; et si quelque regard arrive jusqu'à son cœur, vous pouvez être certains que ce n'est pas le regard maternel. Les confidences — messieurs, je dis la plaie de vos familles, — les confidences de la jeune fille se font à tout le monde ou à peu près; à sa mère, jamais. La défiance! Le frère se confie-t-il au frère? Non; ils ont des intérêts qu'ils tiennent à séparer. Le frère à la sœur? Oui, entre petits enfants, lorsque la sœur peut encore écarter une réprimande ou une punition; mais plus tard, non. Dès l'aurore de la virilité, lorsque le jeune homme commence à s'appartenir, la sœur est répudiée comme le frère, comme le père, comme la mère; son regard pourrait découvrir ce qu'on ne veut pas lui laisser voir. Le plus de barrières qu'il se pourra, l'ombre la plus épaisse, le silence le plus absolu; jamais la confidence naturelle, nécessaire, entre le frère et la sœur. C'est l'état de nos familles, et la raison en est facile à dire : le respect et l'amour s'en sont allés depuis longtemps.

Messieurs, pour ne pas prolonger cette étude, disons simplement ce qui appartient en cette cause à l'être le plus responsable dans la famille, le père. Le respect et l'amour sont partis parce que le père les a jetés à la porte, les a forcés de s'en aller. Le père, dans notre société moderne, a fait bon marché du sérieux des pensées, de la gravité des paroles, de la dignité des œuvres, de la splendeur de la vie, passez-moi le mot, car le plus vulgaire des pères doit resplendir devant son fils. Le père n'a pas compris que telle était la garantie de son autorité, et par conséquent, la base de la vie de famille. Les œuvres, je ne les dirai pas, car je n'ai pas l'intention de faire pour chacun de vous l'examen qui lui convient; votre conscience répondra dans le secret à l'interrogation muette que je lui adresse. Mais votre conscience dira, sinon pour vous — soyez-en fiers, — au moins pour beaucoup de ceux qui vous entourent, que la paternité a pris plaisir à se découronner, que le père s'est laissé déchoir, entraîné de pensées en amours, d'amours en volontés, de volontés en actes, tous indignes de la sublimité que Dieu lui avait faite. Le père, autrefois, apparaissait dans la famille comme je ne sais quelle vision de la Divinité entrevue dans la pénombre, dans une sorte de crépuscule lumineux. C'était un être que l'esprit et le cœur aussi bien que les yeux abordaient à travers cette obscurité et cette lumière dont le prophète entoure le trône de Dieu (1). Alors le père, s'il se rapprochait de son fils, venait à lui avec tout le charme d'un amour condescendant; et s'il restait dans un éloignement qui n'avait rien d'odieux, il voyait son fils venir à lui dans un amour tout respectueux, tout plein d'admiration.

C'était bien alors; aujourd'hui il n'en est plus ainsi. Car, messieurs, et c'est pourquoi le mal paraît irréparable, les pères, à côté de ces œuvres où ils peuvent prétendre qu'ils n'ont pas en vue la désorganisation de la famille, ont mis d'autres œuvres où leur inintelligence n'a plus d'excuse, parce qu'il n'y

(1) Ezéchiel, I, 4.

plus d'illusion possible. Autrefois, le père pouvait avoir ses défauts, il était homme; mais il tenait à ce que son fils ne perdît jamais vis-à-vis de lui les formes respectueuses que la paternité a le droit de réclamer. Aujourd'hui, ces formes sont tenues en mépris. Sous prétexte de se faire aimer davantage, le père a cessé de se faire respecter. Le père est une sorte de camarade d'autant plus vulgaire et plus aisément écarté qu'il descend de plus haut. Les abdications se mesurent, dans leurs effets mauvais, à la grandeur qu'elles répudient. Le père était Dieu sur la terre, et vous en avez fait l'esclave de caprices qui ne sont même pas des passions d'homme, puisqu'ils sont des caprices d'enfant. Et quand vous en êtes venus à ce point d'être l'escabeau des pieds de votre fils, vous avez la prétention de rayonner jusqu'aux sommités de son intelligence et jusqu'aux profondeurs de son cœur! Ah! oui, messieurs, nous trouvons dans l'histoire le récit d'un pareil resplendissement! Il est dit du trône de saint Marc, à Alexandrie, que parfois il en jaillissait une telle clarté que les plus saints et les plus illustres évêques n'osaient toucher de leurs pieds même l'escabeau de ce siége merveilleux (1). Mais sur ce trône planait le souvenir de l'apôtre; son esprit y résidait, son âme semblait s'y être enchaînée; on y sentait vivre toute la majesté de son génie et de sa vertu. Ah! si comme lui vous aviez été les apôtres de vos familles, la chaire où vous vous asseyez au coin du foyer, le lit où vous reposez vos fatigues, l'humble sanctuaire où vous enfermez votre vie fortement attachée au devoir, tout ce que vous auriez touché aurait un parfum et un rayonnement qui ferait aborder, la tête découverte, la main tremblante, le cœur palpitant, ces reliques de votre existence. On baiserait aussi, avant de s'y agenouiller, l'escabeau où vous avez laissé la trace de vos pieds. Mais non; vous êtes devenus vous-mêmes l'escabeau des pieds de l'enfant, vous êtes sous ses pieds; tout respect est loin même de sa pensée. Avez-vous du moins son amour? Pas du tout. L'amour véritable est un sentiment qui n'est pas

(1) S. Jérôme, *De Script. eccl.*

aveugle, quoi qu'en ait dit le paganisme. L'amour véritable a besoin de juger, et ne se donne qu'à bon escient. Si le respect a cessé, l'amour se retire, et vous en êtes les douloureux témoins : vous n'avez plus d'ascendant et vous n'êtes plus aimés. Vos fils vous mettent de côté comme des camarades trouvés le long de la route, alliés d'un instant, serviteurs d'une passion changeante, esclaves d'un dessein qui s'est modifié depuis longtemps. On vous a relégués dans l'oubli, et lorsque vous essayez d'en sortir, vous revenez, comme il vous convient, avec des plaintes, avec des reproches; ce que ces âmes-là sont le moins capables de porter, parce que c'est là ce que vous leur avez le moins appris à connaître.

Ainsi la famille se désagrége. Il n'y a plus que des âmes juxtaposées et non des âmes fondues. La pierre angulaire de la société vacille. Regardez-la maintenant, votre société! elle n'a plus de respect ni d'amour pour rien. Mais où donc a-t-elle appris à haïr et à mépriser toute chose? L'homme est tout entier dans l'enfant, la société est toute dans la famille; par conséquent, ce qui se développe et ce qui triomphe dans la société a pris naissance dans la famille. Hier nous a trouvés sans tradition, et demain nous refusera peut-être l'espérance d'une union qui fasse une nouvelle France, parce que l'esprit de famille nous fait défaut. Le mal est là, et si vous voulez que demain soit meilleur, il faut qu'aujourd'hui même, vous, pères, vous ressaisissiez vos enfants; — vous, fils, vous ayez le courage de revenir franchement à la soumission et à l'amour; — il faut que l'esprit de famille renaisse parmi nous.

Messieurs, je termine. Dans les sociétés antiques, quand on célébrait les funérailles d'un patricien, sa dépouille mortelle était suivie des images des ancêtres, destinées à disparaître avec lui dans les flammes du bûcher, comme si tout ce qu'il avait été non-seulement par lui-même, mais aussi par ses pères, devait s'abîmer dans la mort qui ne le frappait pas seul, mais frappait de nouveau avec lui toute sa famille, sans distinction du présent ou du passé. C'était une pensée intelligente, un hommage rendu à tous ces hommes grands par l'esprit et par le cœur, qui avaient à leur tour fait grand par l'esprit et par le cœur l'homme que la société pleurait. Eh bien, messieurs, faisons comme les Romains des temps antiques! Nous allons, nous aussi, vers le bûcher funéraire! Nous sommes, par anticipation, je ne sais quel cadavre que l'on conduit à la tombe! Rendons cette mort moins méprisable, et donnons-lui quelque dignité, s'il est possible. Puisque nous renonçons à l'espoir généreux d'une résurrection, convions encore une fois le souvenir et les vertus de nos ancêtres à nous accompagner. O pères, revenez! ô mères, reparaissez!.... Mais non! je vous en supplie, mon Dieu, faites que cette honte nous soit épargnée! Que ce ne soit pas seulement un cortége funéraire où reviennent nos ancêtres comme un reproche mérité; qu'ils soient encore avec nous comme un gage d'espérance. O pères, revenez avec votre dignité si longtemps méconnue! O mères, reparaissez avec votre amour si longtemps infécond! O pères, ô mères, revenez-nous avec votre dignité et votre amour qui peuvent encore nous ressaisir, nous refaire et nous ramener, hommes, chrétiens, Français d'autrefois, dans les vieilles destinées retrouvées désormais, les destinées des hommes qui sont de votre sang, des chrétiens présentés par vos mains au baptême, et des Français formés à l'école de vos vertus !

QUATRIÈME CONFÉRENCE

QUATRIÈME CONFÉRENCE

DE LA MAUVAISE ÉDUCATION DES ENFANTS.

MESSIEURS,

L'esprit de famille n'existe plus. Le père et le fils aiment à vivre séparés. La mère et la fille, rapprochées forcément par les exigences de la vie matérielle, se tiennent, par la volonté, aux extrémités opposées de la vie morale. Les frères, s'ils ne sont pas ennemis, ne sont plus les amis d'autrefois. Les sœurs n'ont plus la douce et grave mission dont elles étaient jadis honorées, celle de relier entre eux les membres de la famille par le charme de leur tendresse et de leur dévouement. La société perd ainsi sa meilleure garantie : l'union, qui la ferait puissante, ne lui venant plus de la famille, elle est désorganisée et compromise par la défiance qui sépare ses enfants et les arme trop souvent les uns contre les autres.

Tel est le mal que nous avons constaté, trop réel, trop profond, peut-être irrémédiable, si le miracle n'intervient pas. J'espère qu'il interviendra. Mais Dieu ne fait jamais tout seul ce qui peut réclamer le libre concours de l'homme. Ce miracle sera donc aussi notre œuvre, et la part que nous y prendrons est celle que nous allons étudier en parlant de l'éducation.

Je touche à une question délicate : je n'en connais pas de plus importante. La plus profonde de nos plaies, la voici. L'éducation faussée est le plus sûr et le plus rapide agent de ruine dans une société, et l'éducation est faussée parmi nous. Je dirai ma pensée nettement, pour que vous en suiviez le développement avec une plus grande facilité. L'éducation est faussée parmi nous, parce que l'enseignement et les mœurs également viciés n'ont plus de contre-poids réel dans l'action de la famille sur l'enfant.

Étudions d'abord l'influence de notre enseignement et des mœurs générales sur la formation de l'enfant; nous dirons ensuite ce que devrait faire et ne fait pas la famille pour contre-balancer cette influence.

Messieurs, ai-je besoin de vous dire quel prix j'attache aujourd'hui surtout à votre attention et à votre sympathie? Élevez votre esprit au-dessus des agitations qui le pressent. Oubliez un instant les faits, si graves qu'ils soient, pour en rechercher les causes. C'est la prudence qui convient à l'heure présente.

I

L'homme, messieurs, est tout entier dans l'enfant, la société tout entière dans la famille. Dès lors voici la question qui se présente à résoudre. Qu'attendez-vous de l'enfant, et, par conséquent, quels devoirs la famille doit-elle remplir vis-à-vis de lui, pour être quitte envers la société?

D'abord, que demandez-vous de l'enfant? L'enfant devra plus tard être un homme, un chrétien, un Français. Une triple vie l'attend, dans laquelle vous exigez qu'il ne soit ni infime ni médiocre; vous voulez, pour sa gloire et la vôtre, qu'il y soit énergique, fécond en pensées, en volontés et en œuvres.

Mais, messieurs, je ne pense pas que vous ayez jamais séparé la notion de vos espérances et celle des difficultés à travers lesquelles l'enfant arrive au couronnement de cette œuvre. On n'est pas un homme sans se gêner dans la vie morale; on n'est pas un chrétien sans s'imposer plus d'une mortification dans la vie religieuse; on n'est pas un Français sans qu'il en coûte beaucoup d'abdications dans la vie sociale. Triple combat dont la notion se présente à l'esprit dès qu'il s'arrête aux espérances conçues devant les premiers pas de l'enfant. Eh bien, messieurs, à cette notion de gêne ajoutez-en une autre, si vous le voulez-bien, celle d'une certitude sans laquelle il n'y a pas d'activité, — sans laquelle, par conséquent, il n'est pas possible de concevoir un homme, un chrétien, un Français.

Vivre c'est agir, dit saint Thomas d'Aquin (1). L'activité tient essentiellement à la volonté; la volonté suit la connaissance; et si cette connaissance est quelque chose d'incertain, de douteux, il est de toute évidence que la volonté restera hésitante et improductive. Si la volonté est incertaine et stérile, il est clair que l'activité sera défectueuse. Mais surtout si vous supposez qu'il faut en venir à une activité gênante; si vous admettez que cette gêne aille jusqu'à l'abdication complète; si vous admettez qu'il faudra mettre tout à fait de côté ses passions et ses joies, pour ne plus voir que l'intérêt au service duquel on est entré, vous ne pouvez nier qu'à l'origine de cette activité vous devez placer la certitude absolue des principes et des lois qui régissent la vie morale, religieuse et sociale. S'il n'y a pas de certitude, n'allez pas plus loin.

Cela est vrai d'une vérité absolue; cela est vrai de tout le monde, plus vrai encore de

(1) *Summ. Théol.* I. q. XVIII, 2.

l'enfant. Et la raison, vous la voyez tout de suite.

D'abord la gêne lui est plus pénible. Rien n'a encore affermi son intelligence ni son cœur; rien, dès lors, n'a donné à sa volonté cette fermeté qui la jettera dans une activité sûre et féconde, malgré les difficultés à vaincre. La gêne lui est donc plus lourde. Mais indépendamment de ce que cette gêne plus lourde appelle une plus grande certitude, l'enfant a son caractère particulier dans la vie intellectuelle : c'est qu'il est absolu dans ses conclusions. Vous ne l'arrêterez nulle part que là où il trouve ce qui est la pleine lumière pour son petit esprit. Sans doute ce n'est pas le dernier mot des choses pour vous; mais c'est pour lui le dernier mot, et jusqu'à ce qu'il l'ait trouvé, jusqu'à ce que la lumière soit faite pleinement, vous savez ce qu'il est. Il s'inquiète, il cherche, il interroge; mais il n'agit pas, parce qu'il doute, parce qu'il n'est pas certain. Si vous l'engagez, malgré lui, dans une activité qui n'est pas le fait de sa volonté, il obéit en apparence; mais, en réalité, il proteste tout bas, il subit une tyrannie qui deviendra le principe de la pire des révoltes.

Ainsi l'enfant a besoin de trouver la certitude des principes et des lois à l'aide desquels il doit faire l'œuvre du vrai et du bien, comme homme, comme chrétien, comme Français.

Cette certitude existe, personne n'en doute. Donc elle peut être donnée à l'enfant; mais comment?

L'enfant doit-il être laissé à lui-même, et le seul développement de sa nature l'amènera-t-il à la certitude des principes et des lois de la vie morale, religieuse et patriotique? Non, cela n'est pas vrai. *L'homme de la nature* est le rêve le plus absurde qui ait jamais traversé une cervelle humaine. L'homme de la nature! Regardez, messieurs, il est partout aujourd'hui, et à ce beau soleil de mars, il s'étale dans un épanouissement qu'aucune végétation ne connaît encore! L'homme de la nature, l'homme qui ne croit à rien, parce qu'il ne sait rien; l'homme qui ne poursuit rien, parce qu'il ne veut rien; l'homme qui ne produira rien, parce qu'il ne sait ni ne veut rien ; l'homme qui n'entassera que des ruines, parce qu'il est incapable même de concevoir un progrès ; l'homme qui piétinera la patrie dans la fange, après l'avoir vue tomber dans le sang, parce qu'il est incapable de savoir ce qu'est la patrie et de rien faire pour elle ; l'homme qui donne aujourd'hui le spectacle de nos dissensions aux Prussiens attentifs du haut de nos murs encore souillés de leur présence ; l'homme qui arbore je ne sais quelles couleurs sanglantes à la place des couleurs de Wagram, d'Austerlitz, de Sébastopol et de Magenta : cet homme, eh bien, c'est l'homme de la nature ! Votre éducation ne l'a pas refait. A coup sûr on n'y a guère touché, si tant est qu'on y ait touché, à moins que ce ne fût pour aider à la manifestation de ce qui au fond de cette pauvre nature sommeillait encore, ou pour effacer le léger vernis dont on avait peut-être essayé de couvrir ses misères ! Voilà qui est fait ! L'homme de la nature s'épanouit et triomphe ! Et vous, répondez maintenant, messieurs ; est-ce là ce que vous avez rêvé ? Est-ce là vraiment l'homme moral, l'homme religieux, l'homme français de vos conceptions? Je ne le crois pas. Laissons donc de côté ce rêve monstrueux et revenons à la réalité des choses.

L'enfant n'a rien que ce qu'on lui donne. Sans doute il apporte dans le monde sa raison, sa volonté, sa liberté. La volonté et la liberté dépendant essentiellement de la raison, ne parlons que de la raison. Il naît avec la raison, mais inerte; et si vous n'allez pas la prendre afin de l'introduire dans la vie de l'intelligence, elle ne produira rien de ce que vous attendez. De même que la foi peut être morte, de même aussi la naissance peut ne rien produire et la raison rester inféconde, si vous n'ajoutez rien à ce dépôt premier, magnifique, mais insuffisant.

L'enfant n'a que ce qu'on lui donne; il reçoit par les leçons, par les encouragements, par les exemples, par les corrections, au besoin par la compression qui l'empêche d'agir. Il reçoit, en un mot, de toutes les influences que vous pouvez exercer sur lui; et c'est là ce qui constitue l'éducation.

Eh bien, messieurs, comment, à l'heure

présente, s'exerce sur l'enfant cette action généreuse qui doit en faire un homme, un chrétien, un Français, et qui a nom l'éducation?

L'éducation atteint l'homme sous trois formes : l'enseignement proprement dit, les mœurs publiques, et les mœurs domestiques ou l'action de la famille.

D'abord l'enseignement.

Comment l'enseignement moderne concourt-il à l'éducation? que donne-t-il à l'enfant? comment, dès lors, le fait-il homme, chrétien et Français? Messieurs, veuillez bien, je vous en prie, circonscrire la question dans les limites que je lui assigne. Nous ne traitons pas ici de la valeur relative de l'éducation publique ou de l'éducation privée; de celle qui est donnée par un maître enseignant à beaucoup d'enfants, ou de celle qui est donnée à un seul enfant par un maître particulier; de celle qui est donnée par l'État au nom de l'État, ou de celle qui est donnée par un maître privé au nom du père de famille, si ce n'est pas le père de famille lui-même qui la donne. Telle n'est pas la question posée devant vous. Je parle de l'éducation par l'enseignement, tel qu'il frappe les yeux, sous la forme ordinaire, l'enseignement public dans le lycée ou dans le collége. Vous y adjoindrez, si cela vous fait plaisir, l'enseignement des chaires plus illustres, où le professeur, enseignant à de longs intervalles, dans des discours préparés, met la dernière main à la formation intellectuelle de nos enfants.

Quel est cet enseignement?

Puisqu'il s'agit de former des hommes, des chrétiens, des Français, il semble que nous allons applaudir le triple enseignement d'une morale exacte, d'une foi pratique, d'un dévouement à la patrie inaltérable et sans mesure. Est-ce là ce que vous trouvez, messieurs?

La morale! A ce premier point de vue, le mieux qu'on puisse dire des professeurs modernes, c'est qu'ils sont parfaitement indifférents. Quelques-uns, hélas! (et ceux-là font leur route dans l'estime et dans l'admiration publiques), quelques-uns prennent à partie la morale; et lorsqu'ils ont réussi à évoquer quelque ombre impure, à mettre plus en lumière quelque principe mauvais, à faire l'apothéose d'un homme ou d'un siècle flétris, écoutez! Ah! quel homme habile, suivant vous, messieurs, et qu'il est important de lui offrir vite une chaire plus haute, de lui assurer, non pas seulement plus d'estime — aujourd'hui la science ne se contente plus de l'estime toute seule, comme dans les temps antiques, — mais de lui assurer un plus large salaire. Ne l'a-t-il pas bien mérité? Il n'a pas fait des hommes, c'est vrai. Il leur a appris, au contraire, comment ils n'auraient plus rien de viril, et il a inoculé jusqu'au plus profond de leurs veines, dans le plus intime de leurs cœurs, le poison qui ne permettra bientôt plus de rencontrer un homme sur sa route. Mais il a dit tout cela dans un si charmant langage! Le vers est si harmonieux, la prose est si élégante! Racine est dépassé pour la douceur et le charme de la forme poétique. La Bruyère et Vauvenargues sont égalés pour la finesse de l'observation. Saint-Simon, si hardi, n'est près d'eux qu'un écolier. Voltaire même, oui, Voltaire profiterait à leurs leçons!

Le génie se tient trop haut pour que tout le monde puisse en bénéficier; il a fait place à une autre puissance, la puissance de la vulgarisation, pour parler votre langage, et c'est leur force, ils y sont grandement habiles. Mais nous les y aidons aussi beaucoup, il faut l'avouer. Toutes les portes par lesquelles le mal peut arriver à l'intelligence et au cœur leur sont ouvertes, et c'est par des routes dont nous sommes les pionniers qu'ils s'en vont, cherchant une âme de plus à tromper, une volonté de plus à corrompre, un principe de plus à étouffer dans la fange. Messieurs, si ma franchise vous déplaît, veuillez, je vous en prie, faire appel à votre conscience. Quant à moi, la mienne atteste que je n'ai rien dit de trop. Je ne récuse aucun accent dont ma voix peut avoir vibré à votre déplaisir, aucune expression qui ait pu froisser votre susceptibilité, surtout aucune idée qui ait pu vous paraître trop absolue.

Voilà ce qu'est l'enseignement moderne. Si vous tenez à lui trouver une excuse, elle est tout au plus dans l'indifférence. Quelques-uns ne s'aventureront pas si loin, ceux qui n'ont pas l'ambition d'être les premiers, qui consentent à végéter dans les régions intermédiaires; ceux-là n'attaqueront rien. Mais enseigner une vertu vigoureuse, parler de l'abnégation qui conserve la vie morale, dire ce que peuvent être la tempérance, la justice, la chasteté, oh! non, cela n'est pas de leur ressort. L'élève parcourra la longue série d'années et d'études qui constituent ce qu'on appelle la bonne éducation, sans rencontrer sur sa route une voix pour lui dire qu'il n'est pas là seulement pour acquérir ce qui fait l'ornement de la superficie de l'âme, mais surtout pour apprendre ce qui en fait la beauté intime. Rien ne lui dira qu'il n'est pas là seulement pour savoir ce qui fait l'industriel, le commerçant, l'orateur, le diplomate, l'homme de salon; mais pour savoir ce qui fait l'homme viril. Ce serait trop compliqué : on simplifie tout cela, on ne s'en occupe pas. L'enfant sorti de ces écoles, il sait... Ah! il ne sait pas grand'chose, il faut l'avouer, — et ceux-là même qui représentent notre science ont été obligés d'en convenir, devant la rude leçon que la science étrangère nous a donnée (1). Mais s'il sait quelque chose, il n'a pas appris à être un homme. Voilà vingt-quatre heures que j'entends tressaillir sous mes pieds le sol de la cité; voilà vingt-quatre heures que j'entends le son du clairon et le fracas de l'artillerie; et j'écoute afin de savoir si une parole, si un frémissement, si la conscience d'un homme répondra! Un homme, messieurs, il n'y en a pas!

Voilà ce que fait notre enseignement, au simple point de vue de la vie morale: vous n'en avez plus.

La vie religieuse? Oh! la vie religieuse, messieurs, je ne voudrais pas devenir railleur, mais il y a des pentes où l'on glisse malgré soi. La vie religieuse! Le professeur qui s'aventurerait à paraître religieux serait immédiatement déprécié. Il n'y a d'originalité, de puissance, d'avenir (parce qu'il n'y a de faveur) que là où l'idée religieuse est écartée. Si vous comparez philosophe à philosophe, celui qui est religieux est évidemment moins prisé, parce qu'il est estimé moins fort. Si vous mettez en face deux sa-

(1) Séance de l'Académie des sciences du 6 mars 1871.

vants, l'un qui s'engage encore dans les vieilles routes de la science catholique, et l'autre qui ne veut rien tenir que du progrès moderne, vous savez d'avance comment la question est vidée. Ils vous l'ont dit assez et vous ne pouvez l'ignorer, il n'y a rien de commun entre le progrès et Dieu, entre la science et le surnaturel. Ils l'écrivent tous les jours, ils le professent tous les jours; et afin que vous n'en doutiez pas plus maintenant que jamais, ces jours-ci encore, quelqu'un d'eux, l'un des plus délicats, raillait, du haut de sa chaire, aux applaudissements d'une foule choisie, les dames même, dit-on, n'y manquant pas, *la superstition* de ces pauvres Bretons qui ont eu le tort de croire, en ce dix-neuvième siècle, que faisant leur devoir envers Dieu, ils en sont plus capables de le faire envers la patrie, et que Dieu mieux servi par la Bretagne devrait encore quelque chose à la France.

La religion? Mais on prend à tâche de la bafouer et de l'ôter tout d'abord à l'enfant. Pas de collégien, à douze ans, qui ne commence à douter; à quinze ans, il est sceptique; à vingt ans, c'est un impie de la pire espèce. C'est là qu'on aboutit d'ordinaire. Des exceptions existent, messieurs, et je n'ai pas l'intention de trop généraliser; mais ces exceptions sont assez rares pour qu'elles portent, comme un appui inébranlable, la loi générale que je viens d'indiquer. — Du reste, messieurs, si vous en doutez, soyez attentifs à l'heure présente : Dieu nous a pourtant assez visiblement châtiés, à coup sûr; la leçon est assez claire; il n'y a personne qui ne s'en puisse apercevoir. Mais pour comprendre que la leçon vient de Dieu, il faut commencer par savoir que Dieu existe, et croire, au moins un peu, à son action. Or, dans cette société, on ignore que Dieu existe; tout au moins on agit comme si on ne le savait pas. La leçon est perdue. Après le sang nous avons la fange, et Dieu veuille qu'après l'émeute nous n'ayons pas la mort!

Enfin, messieurs, que fait-on pour former la vie patriotique? Rien. Je ne sais pas si vous avez été frappés de ce fait étrange. Dans une nation qui compte quinze siècles d'histoire, pleins de faits glorieux et de figures splendides; dans cette nation qui s'appelle la nation française, c'est-à-dire la nation de Clovis et de saint Remy, la nation de Charlemagne et d'Alcuin, la nation de Louis VII et de saint Bernard, la nation de Louis IX et de saint Thomas d'Aquin, la nation de Henri IV et de saint François de Sales, la nation de Louis XIV et de Bossuet, la nation de toutes les nobles idées, de toutes les volontés généreuses, de toutes les grandes œuvres, vous êtes-vous demandé comment il se faisait qu'il y eût encore des enfants pour savoir le nom d'Épaminondas et des Thermopyles, et pour ignorer sinon ce qu'était Charlemagne, à coup sûr ce qu'était saint Bernard. Vous êtes-vous demandé comment ce phénomène étrange avait pu se produire, qu'un Français ne le fût plus seulement que de naissance, mais non plus de traditions, de sentiments, d'espérances ni d'aspirations? Vous l'êtes-vous demandé? Comment cela se fait-il? C'est que le collége nous a rempli la mémoire des souvenirs de la Grèce et de Rome; mais on ne nous a point dit ce qu'était notre moyen âge. Je me trompe; on nous a dit, en passant, que c'était l'âge de la barbarie. On ne nous a point dit ce qu'était le siècle de Louis XIV. Pardon; on nous l'a nommé d'un beau nom, le grand siècle. On ne nous a dit des origines du temps où nous sommes qu'un mot plein d'ambiguïtés : la révolution. Mais après? Notre bagage historique, messieurs, le voilà tout entier : « Les origines germaines, l'âge de la barbarie, le grand siècle, la révolution. » Mettez par-ci par-là, pour les bacheliers récents, quelques noms propres et quelques dates; c'est à ce prix que vous êtes Français !

Et quand, après cela, vous vous trouvez en face des rudes devoirs dont l'accomplissement fait un homme, un Français et un chrétien, c'est-à-dire le serviteur humble et constant de la vérité, de la justice, de la chasteté, de la tempérance, le disciple humble et constant de la foi et de la vertu surnaturelles, le sujet humble et fidèle de la loi d'abnégation et de sacrifice pour la patrie, vous vous étonnez! vous vous étonnez qu'au lieu d'être un homme, un héros, un saint, l'enfant soit devenu un être sans nom, vacillant entre le vrai et le faux, entre le bien et le mal; ayant de l'homme aujourd'hui une idée, demain une autre; ayant du Français une notion qui nous amène, un jour venu, à ne plus nous occuper de la France, mais à dire tranquillement, les uns en s'armant d'un fusil : « Mon idéal est là-bas, je le vais chercher à travers le sang de mes frères » ; les autres : « Ah! bien, une balle pourrait m'atteindre; restons chez nous! » Vous vous étonnez? Vous avez tort : c'est le résultat nécessaire!

Je n'ajoute plus qu'un mot, messieurs, car je crains de vous paraître long. Et pourtant, c'est votre faute. Un souvenir me revient malgré moi, messieurs. Il y a trente ans, le P. Lacordaire, dans cette même chaire, vous conviait à l'étude de la vocation de la nation française. S'apercevant qu'il se laissait entraîner, il vous dit : « Je suis long peut-être, messieurs; mais c'est votre faute, c'est votre histoire que je raconte; vous me pardonnerez si je vous ai fait boire jusqu'à la lie ce calice de gloire! » (1) Voulez-vous, messieurs, que,

(1) *Discours sur la vocation de la nation française.*

reprenant cette parole, je vous dise : « Je suis long; mais c'est votre faute; c'est votre histoire que je raconte; pardonnez-moi de vous faire boire jusqu'à la lie ce calice de douleur? »

Après l'enseignement, les mœurs. Il est évident que l'homme se forme aussi sous l'action des mœurs publiques. Il ne peut pas s'en isoler; elles le pressent; elles lui font une atmosphère qui le pénètre jusqu'au plus intime des moelles, et dont il ne peut pas fuir l'action. Dès lors, telles sont les mœurs tel l'enfant sera. Or quelle est l'action des mœurs, messieurs? Je ne m'y arrête qu'un instant; nous allons y revenir. Mais il me semble que je ne devrais même pas m'y arrêter. Des mœurs! Avons-nous des mœurs, c'est-à-dire une suite d'habitudes s'enchaînant, se fortifiant les unes les autres, et qui naissent du respect prolongé de certains principes et de certaines lois? Si vous cherchez, je crois que vous ne trouverez pas : des mœurs, il n'y en a plus. Chaque jour amène un caprice; chaque jour produit une situation. Nous ne sommes pas aujourd'hui ce que nous étions hier, ou bien, si d'aventure il se retrouve que nous sommes aujourd'hui ce que nous avons été déjà, c'est par une sorte de soubresaut qui nous rejette en arrière. Pourquoi? comment? Nous n'en savons rien. A l'heure qu'il est, c'est vrai, des mœurs déjà pratiquées se représentent; il n'y a pas de quoi être fier. Qu'est-ce donc qui les ramène? Qui pourrait dire à quoi répondent ces habitudes du passé, en raison de quels motifs elles sont de nouveau présentes? Personne ne le sait, ni vous ni moi. Telle est notre situation. Mais alors, messieurs, comment ces mœurs peuvent-elles produire aucune certitude de vrai et de bien, puisqu'elles ne sont elles-mêmes l'expression d'aucun principe ni d'aucune loi? L'enfant de notre enseignement et de nos mœurs n'en retire donc aucune certitude, et s'en va dans la vie, perpétuellement flottant entre l'erreur et la vérité, entre la passion et la vertu, ne sachant où s'arrêter, semblable à ces âmes que Dante nous montre dans les limbes, emportées par un tourbillon qui sans cesse repasse au même point sans les fixer jamais nulle part, parce que nulle part elles ne trouvent un lieu où le repos leur soit possible (1).

Maintenant, messieurs, disons comment l'esprit de famille devrait porter remède à cette incertitude, et quel est le tort des parents, puisque ce remède n'existe pas.

II

Il est hors de doute que l'éducation de l'enfant appartient aux parents. Être père, en effet, c'est donner la vie. Mais donner la vie, ce n'est pas seulement mettre au monde un être qui vous doit ses membres et la simple possibilité d'agir dans l'ordre intellectuel et moral. Puisque vivre c'est agir, donner la vie c'est introduire dans l'action; c'est rendre capable d'actes par lesquels on s'affirme comme puissant et fécond. Dès lors, avoir simplement procréé des fils, ce n'est

(1) *Divina commedia : Il purgatorio ;* épisode de Francesca de Rimini.

pas être père; et pour mériter l'éloge de la paternité réelle, il faut à la génération avoir ajouté l'éducation. Le père est donc le précepteur naturel de son fils.

Sans doute, dans les conditions où nous sommes placés, cela devient à peu près impossible. C'est le tort de notre vie moderne d'altérer les conditions les plus élémentaires de la vie, et de gêner sans cesse le progrès, en lui opposant des obstacles insurmontables. Mais, de tous ces obstacles, le plus grand, celui qui nous cause le plus de tristesse, c'est celui qui se dresse en face de l'action paternelle dans l'éducation. L'enfant ne peut pas être élevé par le père. Soit que le père se reconnaisse une insuffisance personnelle trop fréquente à notre époque; soit qu'il se sente obligé de demander le pain de chaque jour à une vie toute extérieure; soit enfin, et c'est aussi une part fréquente, soit qu'il ne se reconnaisse pas l'énergie nécessaire pour se plier à cette œuvre, il est certain que l'enfant doit aller hors de la famille chercher l'éducation. D'ailleurs, quand nous supposerions le père intelligent et savant, à la mesure d'une bonne éducation intellectuelle et morale; quand nous le supposerions maître de son temps, et capable, par la volonté, de s'appliquer à cette formation jusqu'à l'heure où elle se couronne, il faudrait encore reconnaître que la plupart des carrières resteraient fermées devant l'enfant, s'il n'avait pas reçu l'éducation publique. C'est là le mal de ce temps. Pensez, avec beaucoup d'hommes intelligents, qu'il vaudrait mieux ne pas jeter l'enfant hors de la famille, ou croyez, avec M. de Barante, que « l'éducation publique est essentiellement la meilleure (1) », il importe peu; la société n'en a souci, et l'inconvénient reste le même. L'enfant est pris hâtivement, dès les premières années de la vie; il est pris au père, il est pris à la mère, il est pris au frère, à la sœur; il est pris au foyer domestique; il est pris à cet ensemble d'influences qui feraient de lui un être aimable et fort en même temps, et il est jeté dans une atmosphère où tout s'étiole; — livré à des professeurs qui sont loin d'être des pères; — il est forcé de vivre dans une maison qui n'a rien du foyer do-

(1) *Études historiques et littéraires.*

mestique; — il est mis en contact continuel avec des camarades qui sont la plus triste famille qu'on puisse substituer à la vraie; — il est mis en rapport avec un ensemble d'idées, de paroles, d'habitudes qui font le plus déplorable chaos. Voilà le résultat. Vous arriverez peut-être, dans ces conditions, à faire un homme capable de telle ou telle fonction. Mais lui faire ainsi une conscience, lui donner ainsi la virilité, non, cela n'est pas possible.

Admettons un instant qu'il n'y ait rien de pareil, et que la thèse de M. de Barante se soutienne aussi complétement qu'il le désirait, nous ne pouvons pas encore permettre que le père envoie son fils aux leçons d'un professeur quelconque. Il n'est pas admissible qu'il se puisse décharger de ce fardeau sur les premières épaules qu'il rencontrera. Il faut, pour sauvegarder sa dignité de père, qu'il confie son fils seulement à un autre lui-même. Il faut, dès lors, qu'il se décharge seulement sur une âme capable d'accepter le fardeau dans les mêmes conditions qui sont faites à son âme. Il doit, lui le père, être intelligent; il faudra qu'il trouve un maître intelligent. Il doit être probe; il faudra que le maître soit probe. Il doit être croyant; il faudra que le maître soit croyant. Il doit être chaste, juste, tempérant; il faudra que le maître soit sobre, juste, chaste. Il doit être l'exemple vivant de la virilité, de la foi, du patriotisme; il faudra que le maître donne ce même exemple. Il doit puiser le droit et la force de corriger dans une vie où les paroles et les actes soient identiques; il faudra que le maître puisse corriger, dans un droit et une force qui viennent d'une vie où les paroles et les actes soient identiques.

Messieurs, est-ce là ce que vous faites? Vous êtes pères; eh bien, je vous accuse. Vous aurez beau dire, vous êtes coupables. Le mal qui se fait aujourd'hui est votre œuvre; et quand vous aurez dit de ceux qui compromettent l'honneur et la prospérité du pays, qu'ils sont de misérables insensés, vous aurez dit seulement une partie de la vérité. Ce qu'il y a de plus misérable que leur œuvre, c'est la préparation de leur œuvre. Ce qu'il y a de plus insensé que leurs actes, ce sont les actes qui les supposent. Qu'est-ce donc qui rend possible cette misère et cette folie? Eh bien, messieurs, c'est qu'aujourd'hui les pères se préoccupent avant tout de faire une carrière à leurs fils. Il faut qu'ils arrivent, qu'ils arrivent vite, qu'ils arrivent haut, qu'ils montent toujours; c'est-à-dire qu'ils rencontrent une route où se récolte le plus d'honneurs, d'influence, de richesses, de jouissances possible, avec le moins d'efforts, le moins de travail possible. Voilà ce que vous rêvez pour vos fils. Le reste vous importe peu. C'est pourquoi vous aurez dans votre fils un soldat vigoureux, un diplomate habile, un parleur éloquent, un commerçant faisant d'excellentes affaires. Mais votre fils ne sera pas un homme. Vous verrez votre fils entouré de beaucoup d'adulations, et préparé par ces adulations à la servitude de toutes les passions et de toutes les tyrannies; mais il ne sera pas chrétien. Vous aurez dans votre fils un habile exploiteur de la fortune privée ou publique; mais vous n'aurez pas un Français. Et pourquoi donc? Parce que le maître qui vous supplée, messieurs (c'est une justice à vous rendre malgré vos torts), parce que le maître qui vous supplée n'est pas un autre vous-même.

Ah! vous êtes honnêtes; il ne l'est pas. Vous êtes chrétiens; il ne l'est pas. Vous êtes Français; il ne l'est pas. Vous vous inquiétez peu que ce soit un débauché, pourvu qu'il enseigne bien. Vous vous inquiétez peu qu'il ait des mœurs misérables, pourvu que ses leçons soient brillantes. Vous êtes honnêtes; il ne l'est pas. — Vous vous inquiétez peu, dites-vous, qu'on enseigne les langues sans connaître celle de l'Évangile. Quel rapport, suivant vous, entre le langage catholique et le verbe de la science? Vous êtes chrétiens; il ne l'est pas. — Vous êtes Français; vous ne voudriez pas que votre fils sortît de cette vie patriotique que le professeur trouve trop restreinte, et de laquelle il s'échappe pour se jeter dans les rêveries humanitaires. Vous êtes Français, oui; mais il ne l'est pas. Et quand on vous rend votre fils, il n'est plus honnête. Vous restés honnêtes, vous êtes tristes, déconcertés; mais le remords ne vous vient pas. Lorsqu'on vous rend votre fils, vous êtes restés chrétiens; il ne l'est plus. Vous êtes étonnés de son impiété, sa mère plus encore, la sœur scandalisée et révoltée; mais le remords ne vous vient pas. Quand on vous le rend, vous êtes restés Français. Lui, ah! que lui fait la patrie? Ceux qui ont vieilli connaissent encore ce mot et l'idée à laquelle il correspond; mais il ne répond plus à l'ampleur des idées nouvelles. Il y a longtemps que la patrie a cessé d'agir sur le cœur de cet enfant, et quand il faut se dévouer pour elle, il hésite à prendre les armes; il les jette avant le commandement, ou bien il fait ce que nous voyons aujourd'hui, il reste tranquille au foyer domestique, sans souci, lui jeune, qui a du sang dans les veines, qui a vingt-cinq ans, l'âge où l'on a toujours besoin de donner du sang à quelque amour; il reste là, n'ayant pas de sang à donner parce qu'il n'a pas d'amour à qui l'offrir. Et le remords ne vous vient pas!

Hélas! si c'était tout! Mais vous commettez une autre faute. On a beau vous presser de porter remède à ce mal, c'est à peu près inutile. Nous nous sommes habitués, en ce siècle, à laisser tout faire pour nous; c'est le trait saillant de notre caractère. Enthousiastes des théories, nous sommes inertes au jour de l'application. L'État continue à prendre soin d'élever l'enfant, comme il prend soin de faire la police et de défendre la frontière. Nous lui laissons tout à faire, et, l'heure venue, l'éducation est achevée comme la frontière est gardée, comme la police est faite. Vous avez si bien coutume de laisser faire, que dans ce siècle auquel, en réalité, ne manquent tout à fait ni l'intelligence ni l'énergie, lorsque se produisent une pensée, une volonté meilleure, et qu'on vous invite à vous y rallier afin de remédier au mal; — quand on vous convie, par exemple, à réformer l'éducation, à la ramener aux traditions des vieilles universités françaises, que faites-vous? Rien; l'État reste le maître, et le mal se perpétue.

Voilà pour l'enseignement. Les mœurs publiques entrent dans nos familles par toutes les portes. Je vous disais qu'il n'y en a plus. Sans doute, à prendre la définition proposée tout à l'heure, il n'y a plus de mœurs. Mais à entendre le mot dans le sens ordinaire, il y a de détestables mœurs qui s'affichent partout. L'enfant les a sous les yeux, dans les rues, sur les places, en son collége, dans tous les lieux où vous l'introduisez pour qu'il s'instruise ou se réjouisse. Au moins va-t-il trouver, en rentrant dans la famille, une porte qui se ferme derrière lui et ne permette pas à ce mauvais air de passer? Va-t-il y trouver une barrière infranchissable à ce flot de pourriture? Non, non! la porte s'ouvre, la barrière s'abaisse; l'enfant reste toujours dans le même état d'incertitude.

Il entend dire à son père qu'un homme est méprisable. Voici cet homme qui arrive. Le père en a besoin pour quelque affaire; on s'incline, on sourit, la main tendue, l'empressement peint sur le visage et manifeste dans tous les actes. La mère, cet être trois fois saint, qui semble refléter plus intimement et plus purement la clarté de la justice et de la vérité divines, — la mère imite le père. Les sœurs sont apprises à faire des salutations gracieuses, à se porter en souriant sur le passage, à laisser la meilleure place au coin du foyer et à la table paternelle, pour cet être que le père appelait tout à l'heure un chevalier d'industrie.

Cette femme, la mère disait qu'elle était méprisable, d'une réputation perdue depuis longtemps, d'œuvres qu'on ne pouvait raconter devant les enfants, suivant l'expression consacrée. Voici qu'elle arrive. On l'entoure; l'homme du monde, du meilleur monde, pour parler votre langage, messieurs, l'homme du meilleur monde s'empresse. Ah! c'est que peut-être, cette femme, elle a du pouvoir quelque part où l'on veut arriver. Il faut donc?... Oh! non : aujourd'hui l'on ne fait plus antichambre, le temps des courtisans est passé; mais on dirait que le temps des ruelles peut revenir.

Voilà où nous en sommes. Ces mœurs passent par toutes les portes, arrivent jusqu'au fond du sanctuaire domestique; intronisées entre le père et la mère, elles tiennent la main de l'un et le cœur de l'autre, enchaînent tous leurs actes, en font un faisceau mauvais qui frappe la vie morale, religieuse et française, bien plus sûrement que le faisceau du licteur antique ne frappait la tête du condamné.

C'est donc là notre éducation. Nulle part la certitude du vrai; nulle part la certitude du bien; nulle part, dès lors, la possibilité d'être homme, d'être chrétien, d'être Français. Tel est, en trois mots, le résumé de notre situation. Eh bien, messieurs, après l'avoir constatée, faudra-t-il s'en aller ainsi, et graver sur la porte où s'engage notre triste vie la parole du poëte : *Lasciate ogni speranza!* « Laissez toute espérance! » Oh! non, messieurs, nous ne laisserons pas l'espérance. Après nous être frappé la poitrine, reconnaissons ce qui nous reste à faire, et commençons-le dès aujourd'hui. Dès aujourd'hui il faut que l'enfant revienne entre vos mains et qu'il se rapproche de votre cœur. Il faut que vous soyez désormais les maîtres comme vous êtes les pères. Il faut que vos paroles, à vous, soient la première et la dernière leçon, la préparation et le complément de l'enseignement extérieur. Il faut que vos exemples soient le prélude et l'achèvement des exemples du dehors. Il faut que toute votre vie modèle la vie de l'enfant;

que ce qui vous reste encore, appauvri, c'est vrai, mais enfin ce qui vous reste de séve morale, de séve chrétienne, de séve française, rentre dans ces jeunes branches que vous laissez dessécher. S'il faut que nous succombions à la tâche, qu'importe? Eh bien, soyons sacrifiés! Ne le sommes-nous pas, du reste, messieurs? Le présent est perdu, c'est incontestable, faisons-en notre deuil! Le présent, c'est nous; il est déjà dans la tombe. Mettons-y une pierre. Pas d'inscription; notre ombre rougirait d'y lire le peu que nous y aurions fait écrire par notre vie. Mettons-y une pierre, et qu'il n'en soit plus question. Le passé et le présent sont de même condition maintenant; mais l'avenir? C'est à lui qu'il nous faut songer. Sacrifions-nous à l'avenir, c'est-à-dire aux enfants; et si nous devons être entraînés par le torrent qui passe, si notre sang même doit être versé, que notre sang devienne une semence, non pas de martyrs, il n'est plus nécessaire, mais une semence d'hommes, une semence de chrétiens, une semence de Français!

CINQUIÈME CONFÉRENCE

CINQUIÈME CONFÉRENCE

DE L'INDIFFÉRENCE DEVANT LES DOCTRINES.

MESSIEURS,

La bonne éducation fait les hommes vigoureux et les nations grandes. En effet, une génération bien élevée, c'est un siècle glorieux et fécond qui se prépare. Au contraire, la mauvaise éducation fait les hommes sans force et les nations sans grandeur. Une génération qui n'a pas été bien élevée, c'est un siècle sans prospérité et sans fécondité qui s'annonce. Si belle qu'ait été la génération qui précède, celle-ci doit être sans présent et sans avenir. C'est là notre cas, messieurs.

Pour emprunter une parole énergique, dite en cette chaire par celui que j'y remplace : « Nous sommes un peuple mal élevé. » Et si, par hasard, vous ne sentez pas toute la portée de cette parole, le développement que je lui dois donner vous la fera comprendre.

La mauvaise éducation se reconnaît à ceci, que dans l'esprit et dans le cœur n'existe plus l'horreur du faux et du mauvais. Accepter avec indifférence toutes les doctrines qui se produisent; se tenir en face d'elles sans éprouver la répulsion naturelle à tout esprit droit et généreux; rester surtout en face du mal, le voir se produire et triompher, sans que toutes les fibres de notre être soient ébranlées, sans que le plus intime de notre cœur soit bouleversé, sans que notre poitrine soulevée étouffe la respiration, et que de cette poitrine haletante sorte, en paroles entrecoupées, une protestation qui tremble de n'être pas assez énergique : c'est la marque d'une mauvaise éducation. Eh bien, messieurs, veuillez regarder votre siècle. Il est, devant les idées, dans une indifférence parfaite, et devant les œuvres, dans une complète atonie. Quoi qu'on dise, il ne s'émeut pas; quoi qu'on fasse, il reste tranquille...

Messieurs, j'hésite à parler... Il y a des paroles qu'il n'est pas toujours bon de dire, on y joue trop gros jeu... Qu'importe, après tout? — Eh bien, lorsque j'ai dû franchir le seuil de cette église — on m'avait averti cependant, — je n'ai pu m'empêcher de tressaillir. O voûtes de Notre-Dame! qui avez vu passer toutes les splendeurs et toutes les gloires de la France, mais dont l'écho, s'il se réveillait, nous dirait aussi toutes ses misères et toutes ses douleurs; ô tours de Notre-Dame! dont l'airain s'est ébranlé, joyeux ou triste, pour tout ce que nous avons eu de grandeurs ou d'humiliations, on ne vous avait pas encore fait cette injure. On avait amené, ô Notre-Dame! jusqu'à votre autel ce *marbre vivant d'une chair publique* qu'évoquait jadis le P. Lacordaire (1). On avait dépouillé votre sanctuaire, fermé vos portes, menacé vos murs vendus à de vils démolisseurs. Mais on n'avait pas encore fait porter à

(1) XXIIIe conférence.

votre faîte l'ignoble lambeau qui le souille!...

Nous sommes un peuple mal élevé. Nous nous arrêterons aujourd'hui à la première preuve de cette mauvaise éducation, qui est l'indifférence devant les doctrines.

Veuillez, messieurs, je vous en prie, être attentifs, mais surtout faire de cette attention le principe d'une véritable renaissance.

I

Nous étudierons d'abord, messieurs, ce fait douloureux de notre indifférence devant toutes les idées, et nous dirons, en second lieu, les résultats déjà produits de cette indifférence.

Et d'abord étudions simplement le fait. Je ne vous arrêterai pas, messieurs, à cette suite de banalités qu'on a coutume de parcourir lorsqu'il s'agit de dire la puissance de l'*idée*. Je me bornerai à constater devant vous que cette puissance est bonne ou mauvaise, mais que toute idée la possède. Malheureusement, la partie n'est pas égale entre les deux probabilités; et lorsqu'il y a dans une idée le principe d'une action mauvaise, il faut la traiter avec infiniment plus d'attention que si elle était juste et capable d'excellents résultats. C'est que, si généreuse que soit notre nature, elle recèle des connivences plus nombreuses avec le faux et avec le mal qu'elle n'en prépare au vrai et au bien. C'est là l'histoire que nous racontons tous les jours et à qui veut nous entendre : « Je suis homme, s'écrie saint Paul, ou plutôt non, il y a en moi deux hommes. L'un sait et veut le bien, l'autre sait et fait le mal (1). » Cependant le premier semblait, aidé par la vérité, devoir toujours être triomphant. Non! Le premier sait et veut seulement le bien; le second sait et fait le mal. C'est notre histoire. Dès lors nous avons à étudier avec infiniment plus d'attention ce qu'il y a de mauvais dans une idée et quelles conséquences en peuvent sortir, que nous n'avons à étudier ce qu'elle contient de bon et quels fruits elle peut produire.

(1) Rom. VII, 15-24.

Ceci donc, messieurs, reste en dehors de toute discussion : toute idée est puissante ; elle est puissante même quand elle est mauvaise, et il faut compter, si l'on est prudent, avec la possibilité d'action dévolue aux éléments mauvais dans cette idée reconnue puissante.

Ne vous attendez pas, messieurs, que je vous dise ce qu'il faut penser de la licence accordée à l'esprit humain devant ce qui l'émeut, et surtout à la parole humaine pour la forme dont elle peut revêtir les agitations de l'esprit. Je vous laisse tout à fait libres. Acceptez des théories plus larges; soyez, au contraire, si vous le voulez, dans un camp plus étroit. Peu m'importe! Mais vous reconnaîtrez qu'à l'heure où nous sommes il y a, comme dans tous les temps, et plus que dans beaucoup d'autres temps, des idées produites, des idées vulgarisées, dont quelques-unes sont bonnes et beaucoup sont mauvaises ; des idées qui toutes ont une puissance; mais aussi des idées mauvaises, qui tirent des conditions particulières de notre vie moderne une puissance plus malfaisante. Dès lors vous accepterez que la prudence soit d'être attentif à l'expression et à l'expansion de ces idées : à leur expression, puisqu'il n'est pas possible à l'être raisonnable de refuser l'attention aux actes de la vie intellectuelle; à leur expansion, parce qu'elle atteindra les actes non-seulement de la génération présente, mais aussi des générations futures. D'autant plus qu'aujourd'hui, l'expression des idées n'est plus contrariée par les obstacles qu'elle rencontrait autrefois. Il n'y a plus seulement, pour l'idée qui s'émet, la bouche d'un homme parlant à un autre homme ou s'adressant à une école; la main d'un scribe mettant quelques manuscrits toujours très-rares entre les mains des élus de la fortune ou de l'intelligence, — si vous le voulez, à la disposition d'une école ou d'une province. Il y a le monde entier, le monde tributaire, du soir au matin, de tout ce qu'il plaît à l'esprit de penser, juste ou faux, généreux ou mauvais, — et de tout ce qu'il plaît à la bouche de dire ou à la main d'écrire; parce que vous avez, au service de la pensée, l'imprimerie qui multiplie ses formes, — la rapidité des communications, qui la porte aux extrémités du monde, — la facilité des rapports, qui met les âmes en relations plus fréquentes, plus intimes, plus efficaces. Nous ne pouvons donc pas nous tromper sur la puissance des idées à notre époque ; et si nous admettons (c'est la loi générale) que les idées mauvaises sont toujours en majorité et toujours plus aidées, il faut que nous soyons plus attentifs devant l'expression et l'expansion dont elles sont capables à l'heure présente.

Mais la prudence ne va pas sans une répression ; dès lors notre prudence n'est pas seulement de l'attention, c'est de l'énergie devant ces idées dont l'expression et l'expansion sont aujourd'hui si faciles et si complètes. Peut-être ici vous m'arrêtez. Je pose devant vous un problème qu'il semble impossible de résoudre dans le peu de temps qui m'est donné et — quand même j'aurais des mois pour ce développement — dans les conditions faites à notre vie sociale. C'est le grand problème des temps modernes : réprimer la pensée ! Vous objecterez que les siècles s'y sont essayés et n'ont pas réussi. Réprimer la pensée! Vous dites que c'est une imprudence, et que l'idée combattue en est d'autant plus puissante. Réprimer la pensée! Mais nous ne voyons de répression possible que par les mains du pouvoir; et le pouvoir est odieux quand il essaye de réprimer. Réprimer la pensée! Mais à l'heure qu'il est surtout, n'est-ce pas un problème humainement insoluble, et qui va peut-être nous coûter du sang? S'il ne s'agissait que de donner du sang, vous le donneriez, n'est-ce pas, messieurs, sans grand souci? Mais ce terrible problème posé ne peut-il pas nous coûter la patrie?

Ce n'est pas à ce problème que je veux m'arrêter, messieurs. Je laisse de côté les théories qui vous préoccupent. Je n'appelle point le pouvoir à réprimer. Je vous le disais la dernière fois : notre tort, dans la vie sociale, est de toujours mettre le pouvoir en avant; de toujours laisser l'État agir pour nous; d'abdiquer notre initiative personnelle au bénéfice de cette puissance qui sait bien réclamer des louanges, bénéficier de tous les profits, mais ne veut jamais porter le blâme ni les conséquences d'aucun tort, lorsque les heures mauvaises sont arrivées. Laissons de côté le pouvoir et ne parlons que de nous-mêmes, d'autant qu'il y a en nous une puissance de répression bien autrement énergique. Car enfin, messieurs, qu'une idée soit émise, qu'importe? Qu'un journal soit publié, qu'un livre soit prôné, qu'un discours soit applaudi, qu'est-ce que cela fait, si le père veille à la porte de la famille, expérimenté, défiant, comme une sentinelle attentive, regardant — bien en face et bien au cœur — tout ce qui arrive, et ne donnant son visa qu'à bon escient, après réflexion et conseil? Ah! messieurs, vous êtes ici peu nombreux, encore que vous soyez beaucoup; car, dans la cité, vous êtes le petit nombre. Loin de vous en faire reproche, je vous en félicite. Certes, s'il est vrai de dire que les minorités sont, à certaines heures, une espérance, c'est bien vrai de vous, et il fait bon se rencontrer au milieu de vous dans le temps où nous sommes. Vous êtes le petit nombre; mais, par vous, je puis faire arriver ma pensée à la cité tout entière. Eh bien, comment se fait-il que les idées mauvaises aient atteint le plus grand nombre des esprits? Comment se fait-il que le mal triomphe par l'audace des uns et l'inertie des autres? Comment se fait-il qu'on puisse remplir la cité de sang et de tumulte? Comment se fait-il qu'il puisse y avoir deux Frances, — l'une violente, au centre de la patrie; — l'autre sans force, en dehors de cette capitale? Comment cela se fait-il, messieurs? Cela se fait par vous, parce que vous avez laissé arriver jusqu'à vous et votre foyer toutes les idées malsaines. Il y a de mauvais journaux! Mais si vous ne les lisiez pas?... Il y a de mauvais livres! Mais si votre enfant ne les avait pas sous la main?... Il y a des romans immoraux! Mais si votre femme et votre fille ne s'en repaissaient pas?... Il y a des doctrines perverses! Mais si vous n'envoyiez pas toute votre famille, même vos filles, recueillir ces leçons... est-ce que tout cela ferait son chemin? Est-il possible d'admettre que ces prêcheurs se résignent au désert? Mais non, messieurs; leur marque distinctive est de discourir beaucoup. Voulez-vous me permettre un mot — indigne de la chaire, c'est vrai; — mais enfin nous ne sommes pas à une heure quelconque, et le langage qui convient maintenant semble ne pas exclure ces expressions; on est volontiers tribun quand le club est partout. Eh bien, ce sont des *bavards*. Ils ont besoin de parler beaucoup, d'imprimer beaucoup : pourvu qu'ils aient semé beaucoup de paroles, ils sont contents, leur œuvre est faite. *Verba, voces, prœterea que nihil.* Voilà leur histoire.

Or, messieurs, à tel parleur il faut un auditeur, cet auditeur servilement complaisant qui écoute jusqu'au bout, qui tremble de ne pas écouter assez, qui s'incline lors même qu'on ne parle pas tout bas, qui s'approche lors même que la voix est vibrante, qui collerait volontiers son oreille à la bouche lors même que la voix gronde comme un tonnerre. Messieurs, vous êtes ces auditeurs; c'est vous qui avez laissé passer ce fléau, qui le laissez encore faire son chemin. Voilà où est le mal, et par conséquent le danger.

Insistons sur cette pensée, messieurs. Toute idée mauvaise se produit, dans les conditions de la vie moderne, sous trois formes. D'abord le journal, et je comprends sous ce nom les feuilles soi-disant politiques, les revues plus ou moins scientifiques ou littéraires, toutes les publications appelées vulgarisatrices, tout ce qui a la prétention d'être sérieux et réclame, à ce titre, le droit de parler de tout et d'être accueilli avec gravité, sinon avec faveur. Ensuite le roman et ce qui lui ressemble, prétendues études de mœurs publiques et privées, — tout ce qui introduit, paraît-il, dans les secrets du cœur et de la vie. Enfin les leçons qui, formulées du haut d'une chaire quelconque, se continuent par l'imprimerie, et n'ayant pas peut-être rallié deux auditeurs dans la salle du cours, en trouvent des milliers sous la forme du livre.

Vous savez, messieurs, ce que valent la plupart de ces publications. Certes je n'ai pas l'intention de faire le procès à quoi que ce soit d'honorable; et, à cette heure, la presse française s'honore d'une façon trop complète pour que je n'eusse pas mauvaise grâce à lui refuser un éloge. S'il reste en ce moment quelque protestation vive et ferme, c'est la protestation de la presse. Si le triomphe de l'anarchie n'est pas complet, s'il y a encore contre elle une arme et une espérance, c'est à la presse que nous les devons. C'est pourquoi, après avoir dit des paroles sévères pour la presse, qui sert si souvent le mal, mon devoir est de la saluer, en passant, comme l'arche dans laquelle s'est réfugié, en ces heures de naufrage universel, le peu de vérité, le peu de droit, le peu d'espoir qui nous reste encore. Mais enfin, messieurs, ce rôle est malheureusement trop passager, et, dans les conditions ordinaires, la presse sert surtout à la diffusion des idées mauvaises. Le grand nombre de nos journaux, de nos revues, des romans, des cours scientifiques et littéraires, vous savez ce qu'il faut en penser.

Dès lors, messieurs, quel est votre devoir? Est-il de les lire et de les faire lire? Évidemment non. Eh bien, quel est le fait à constater? Le fait est que vous les lisez, que vous les faites lire, et que vous cherchez une excuse à cette faute. Vous les lisez, dites-vous, parce que vous avez des raisons de les lire. Soit, messieurs. L'homme qui a une fonction à remplir dans la société est obligé, c'est vrai, de se tenir au courant de ce qui s'y passe; mais en est-il ainsi à toute heure et de tout homme? Non; il y a, nous allons le voir, une série d'âmes qui ne doivent pas être atteintes prématurément par ce courant mauvais, des plantes jeunes qu'il ne faut pas transporter hâtivement dans cette atmosphère douteuse. Je puis donc admettre que vous les lisiez; mais faut-il les faire lire? La prudence dit non tout de suite. Et cependant, messieurs, si j'entre dans une maison qui se dit honnête, même dans une maison qui se dit chrétienne, je trouve partout — sous la main des jeunes hommes, tous les journaux et toutes les revues, — sous la main des jeunes filles, à peu près tous les romans. C'est chose triste à dire, mais les exceptions sont très-rares; et si l'on sondait la conscience et l'intérieur de plusieurs qui protestent, je vous affirme qu'on trouverait de singulières misères sous les dehors de cette honnêteté farouche. Combien de jeunes filles, dans les familles les plus chrétiennes, sont gâtées par les romans! Combien de jeunes hommes, dans les familles les plus honnêtes, sont prédisposés à l'impiété et à l'esprit révolutionnaire par les journaux et les revues que leurs pères laissent entre leurs mains! Et quelles raisons avez-vous, messieurs? car vous en donnez, et je les signalais il n'y a qu'un instant. Il faut que vous connaissiez ce qui se publie. Distinguons, s'il vous plaît. Que vous sachiez d'une façon générale ce qui s'accomplit autour de vous, c'est bien; mais est-il besoin, dès qu'une doctrine douteuse se produit, que vous soyez les premiers à la recueillir? Est-il besoin, dès qu'une immoralité se révèle, que vous en ayez la primeur? Est-il besoin, dès qu'une attaque est dirigée contre la société, que vous en soyez les premiers échos et les premiers patrons? Car enfin, messieurs, c'est là ce que vous faites. Ces journaux ne vivraient pas un jour, si les hommes d'ordre ne leur permettaient pas de vivre; ces romans ou ces revues n'auraient jamais deux éditions, si les chrétiens et les gens honnêtes ne leur faisaient pas quelquefois vingt ou trente éditions. Ah! certes, il n'y aurait pas besoin d'en faire des éditions populaires, si les classes élevées n'avaient excité l'attention des classes inférieures à ce point qu'il soit devenu nécessaire de gâter celles-ci pour ne pas les rendre jalouses. N'est-il pas vrai que les choses se passent toujours ainsi? Dès qu'il arrive à l'opinion publique de faire cet acte de justice qui consiste à ne plus écouter ces faiseurs de discours, leur influence cesse et les voilà qui meurent de faim.

Tels sont les faits, messieurs, et vous ne pouvez pas vous inscrire en faux contre eux. Veuillez maintenant en voir les résultats, la légèreté dans les esprits et l'immoralité dans les actes.

II

Il y a, messieurs, dans votre bouche, une singulière explication du travers que nous venons d'étudier : « Je lis tout cela sans aucune espèce de remords, parce que tout cela ne me fait rien. » Messieurs, je ne vous prendrai pas au mot; car, si je devais vous en croire, la conclusion serait celle-ci : vous n'avez ni esprit ni cœur. En effet, pour que le faux ne révolte pas l'esprit, il faut n'avoir point d'esprit, et pour que le mal ne soulève pas le cœur, il faut n'avoir point de cœur. Le raisonnement est fort simple; je doute, messieurs, que la conclusion vous fasse plaisir.

Mais enfin admettons-le, si vous voulez : vous êtes ainsi constitués que, n'étant point fils d'Adam, vous n'avez pas la même raison mobile, mais cette infaillible raison divine qui voit toutes les erreurs sans en être troublée; vous n'avez pas le cœur de chair des fils de l'homme tombé, mais le cœur toujours épris du beau et du bien qui appartient à l'homme nouveau, Notre-Seigneur Jésus-Christ; vous n'avez rien à craindre de cet abord du faux et du mauvais. Puisqu'il en est ainsi, passons. Mais, à côté de vous, il y a trois classes d'êtres qui ne peuvent pas se targuer de la même indifférence : ce sont les enfants, les femmes et la foule.

Les enfants d'abord. Leur sort est d'être inexpérimentés et impressionnables au delà de toute expression. Impressionnables, ils reçoivent immédiatement le contre-coup de ce qu'il y a de mauvais dans les doctrines qui les abordent; inexpérimentés, ils ne peuvent réagir aisément contre le coup reçu.

La femme est dans les mêmes conditions, avec un danger de plus; c'est que, nature plus exquise, mais aussi n'apprenant jamais rien de ses déceptions, elle reste perpétuellement impressionnable et inexpérimentée devant les doctrines qui l'atteignent, — avec ce danger encore, non plus pour elle, mais pour vous, que c'est à elle de produire l'avenir.

Enfin la foule. La foule, en dehors d'un certain bon sens qui, par une providence spéciale de Dieu, ne la quitte jamais complétement, n'a pas, vis-à-vis des doctrines, la puissance que vous pouvez concéder aux individus. La foule est éminemment mobile; elle a des convoitises et des rancunes qui ne s'éteignent jamais et ne peuvent être tenues en bride alors même que les meilleurs courants la traversent, si ce n'est par un enseignement d'une rigoureuse exactitude et d'une persévérance qui ne se démente jamais. Si vous avez le malheur de jeter dans les masses un enseignement incomplet ou immoral, vous aurez beau faire, le peuple, à ses meilleures heures, est immédiatement ému et troublé. Vous aviez hier le peuple qui se découvrait lorsque passait le crucifix des Tuileries porté à Saint-Roch; vous aurez demain le peuple qui abat les croix à Saint-Germain l'Auxerrois. Vous aviez hier le peuple qui suivait, les larmes aux yeux et le cœur ardent, les funérailles de l'archevêque martyr; vous aurez demain le peuple qui mettra sur les autels la déesse Raison. Vous aviez hier le peuple qui tremble lorsqu'une goutte de sang innocent est versé; vous aurez, le lendemain, le peuple qui se met à plusieurs mille pour accomplir le plus odieux assassinat (1). Vous aviez hier le peuple français,

(1) Comme au quai Henri IV, le 26 février, où la foule fit jeter à la Seine un malheureux agent de police.

le peuple exquis d'idées et de sentiments, le peuple éminemment généreux et prêt à tous les sacrifices, le peuple avec lequel on fait des merveilles, le peuple de Clovis, le peuple des croisades, le peuple de la Ligue, le peuple à qui est toujours promis l'avenir, parce que, bon gré mal gré, il reste le peuple français; et quand vous l'avez remué avec ce vent mauvais, comme l'ouragan bouleverse les mers transparentes et azurées dont la surface est un lac, mais dont les profondeurs cachent les monstres et les tempêtes, — lorsque vous l'avez bouleversé par des doctrines mauvaises, vous avez le peuple capable de tous les excès, qu'on a défini d'un mot cruel, *la bête féroce!*

Voilà donc trois éléments de votre société avec lesquels il ne vous est point permis de jouer; en admettant que vous soyez indifférents, ceux-là restent impressionnables. Concluez donc. Vous les avez soumis à une action mauvaise; vous avez donné à l'enfant des leçons douteuses, nourri la femme de votre littérature frivole et immorale, agité le peuple par toutes les doctrines révolutionnaires. Que va-t-il en résulter? Deux effets, messieurs. Des êtres impressionnables sont atteints, et ils le sont comme l'homme est toujours atteint, pratiquement; c'est-à-dire, surtout chez nous, dans ce peuple français qui a le tort et la gloire d'être éminemment logique, ils sont atteints de manière que, à peine disciples des idées, ils ont mis déjà la main à l'œuvre; œuvre mauvaise, dont les conséquences peuvent être irrémédiables.

Ils sont atteints, et voici les deux formes du mal dont ils souffrent : une légèreté inconcevable de l'esprit, et une immoralité rebutante dans les habitudes.

D'abord la légèreté de l'esprit. C'est une plainte universelle. Toutefois, il faut bien l'avouer, chez nous Français, plus atteints de ce mal qu'aucune autre nation, il y a aussi un aveu moins spontané, moins complet de notre misère. Autour de nous, chacun nous raille; mais nous restons convaincus que nous sommes le peuple spirituel, intelligent, fécond d'esprit par excellence. Nous recevons, à certaines heures, la rude leçon que l'on formulait dans cette parole connue de vous (elle est assez historique à vos dépens pour que vous ne la perdiez pas de vue) : « Nous avons tout utilisé contre vous, les hommes, les lieux, les éléments. » La vie intellectuelle du dehors aborde la nôtre comme le pot de fer de la fable abordait le pot de terre; et lorsque, sur le flanc, demi rompus, nous laissons échapper le peu de séve qui nous reste, comme le pauvre pot de terre laissait couler l'eau, nous avons encore la prétention d'être le peuple intelligent, spirituel, productif par excellence. Revenons à nous-mêmes et tâchons de nous connaître pleinement. Nous sommes devenus tout à fait superficiels. En matière religieuse, nous ne savons rien. Dans l'ordre scientifique, nous nous en tenons à la surface des choses. En littérature, nous acceptons le patois des faubourgs pour le français de la Bruyère ou de Bossuet. Dans tout ordre d'idées nous en restons à l'écorce, ce qui fait de nous de perpétuels écoliers soupçonnant la vérité, trop peu pour regretter de ne pas la voir tout entière ou nous réjouir de l'avoir devinée; — assez pour craindre de n'avoir pas le cœur de nous mettre à sa suite, ou pour trembler d'être obligés de la réaliser dans des œuvres.

Voilà où nous en sommes, et, messieurs, avouons que c'est bien notre faute. Il n'y a pas de peuple où la science soit, dit-on, plus vulgarisée. Nous avons des histoires nationales et étrangères sous cinquante formes, toutes éditions populaires. Il y a des bibliothèques nationales de toute couleur et de toute qualité, ornées de toute espèce de notes et commentaires. Il y a des cours scientifiques, littéraires, politiques de toutes les façons, — depuis l'affiche jusqu'au gros livre; les uns qu'on lit sans frais, les autres qui coûtent très-cher, mais tous également superficiels et ne pénétrant pas plus l'intelligence qu'elles ne pénètrent le mur des maisons, et ne tenant pas plus à l'âme qu'elles ne tiennent aux pierres. Un peu de pluie, un coup de vent, et tout s'en va. Cependant c'est là ce qui prospère, et dès qu'une de ces œuvres se produit, aidée d'une réclame plus ou moins sincère, immédiatement tout le monde y court. C'est une solennité quand elle apparaît; c'est un triomphe quand elle achève sa course. Pendant que l'auteur comblé, recueillant le salaire de son œuvre, se raille de la légèreté d'esprit de ses contemporains, nous autres, debout, le front serein devant l'Europe et devant le monde, nous demandons à tout ce qui pense de dire que nous sommes vraiment encore un grand peuple, puisque, après avoir été le peuple de saint Anselme et de saint Bernard, d'Alexandre de Halès et d'Albert le Grand, de saint Thomas d'Aquin et de saint Bonaventure, de saint François de Sales, de Bossuet, de Fénelon, de Racine, de Corneille, de Pascal, le peuple de Voltaire, si vous y tenez, le peuple de Châteaubriand, de de Maistre, de Bonald, de Lamennais, nous sommes encore le peuple d'Eugène Sue et de Renan!

A côté de cette légèreté d'esprit, voyez les mœurs. Les mœurs sont faites par les idées. Or, comme nos idées n'atteignent pas l'esprit de manière à l'élever, il est clair que les mœurs ne pourront pas atteindre le cœur de manière à l'affermir. Ce qui résulte de cette légèreté d'esprit, vous le voyez donc immédiatement : non-seulement nous restons à la surface des choses, mais nous devenons ennemis de la profondeur en toute chose, et c'est ainsi que l'on gâte les mœurs. La profondeur nous pèse. Quel est l'homme qui lit maintenant un livre sérieux? Quel est l'homme qui parcourt tout entier son journal, quand il se lance en quelque thèse trop ardue? Peut-il même en être autrement? Le jeune homme n'aime pas l'étude. Etudier gênerait sa paresse; vous ne l'y forcez pas, tout au contraire. Cette science vulgarisée, cette littérature frivole, tout cela fait un ensemble où trouve naturellement sa place ce que vous appelez le travail facile. Le jeune homme arrive comme il peut aux notions vagues qui lui permettent de se présenter sans trop de crainte devant un tribunal qui n'est pas trop sévère, et d'entrer dans des carrières où la force d'esprit n'est pas trop nécessaire. Le voilà fixé complétement. Le vieil adage prétendait qu'à l'école on apprend à travailler. Allons donc! pas le moins du monde. Le jeune homme s'est formé à lire les mêmes choses qu'il lira toujours, des articles de journaux, rarement quelques pages d'une revue, et surtout les romans qui auront le plus de saveur immonde. Voilà ce qui nourrit cet esprit. Si vous lui présentez un véritable livre, une thèse quelconque dans l'ordre littéraire, scientifique, philosophique, historique, religieux ou social, il n'en veut pas. A-t-il pour vous quelque respect, il daignera ne pas sourire; mais, dès que vous aurez quitté la place, il reléguera parmi les écrits vieillissant dans la poussière de sa bibliothèque celui que vous lui avez présenté. Du reste, messieurs, il fait comme vous; car les hommes qui lisent sont devenus fort rares; ce qui explique pourquoi les hommes qui savent sont rares, aussi pourquoi la vie intellectuelle s'en va, pourquoi la grande France, la France des vieilles universités, est devenue la France des colléges contemporains.

De cette horreur pour la profondeur, de ce dédain pour tout ce qui n'est pas facile résulte l'inconsistance de l'âme. L'esprit n'étant plus assis nulle part, vacille perpétuellement; et lorsque arrive le devoir derrière l'idée, le devoir est accueilli comme l'idée, c'est-à-dire qu'il est salué avec ce respect équivoque encore imposé, au moins dans certains lieux, en face de certaines personnes; mais quant à être pratiqué, non. Alors les bonnes mœurs s'en vont; tout ce qui gênait est mis de côté. Or comme tout ce qui gêne est ce qui fait fort, la force disparaît; et nous avons cet étrange spectacle d'hommes qui n'ont rien de viril, de femmes qui n'ont rien de respectable, d'une jeunesse qui ne parle plus d'avenir. Ces hommes n'ont plus rien de viril. Peut-être respectent-ils encore les lois faciles de la vie privée; mais lorsque viendra le devoir périlleux de la vie publique, ils ne sauront pas l'accomplir. Peut-être ne voudront-ils pas toucher aux écus déposés dans leur caisse; mais ils laisseront toucher sans scrupule aux traditions de la patrie. Ils crieront, si quelque malfaiteur obscur menace leur bourse ou leur vie; mais ils laisseront assassiner derrière un mur les hommes les plus illustres, et, ce sang versé, ils s'en iront, parce que c'est dimanche et que le soleil est beau (1), en grande toilette et en famille, le long des boulevards et des rues, comme s'il n'y avait pas sur le soleil un crêpe et que l'atmosphère ne respirât pas du sang!

Tels sont les hommes que nous avons. Et lorsqu'on leur dira que la vie sociale doit être formulée de telle ou telle façon, ils s'inclineront sans avoir rien à répondre. Il n'y a plus de vigueur; aucune conviction ne porte la volonté. Aucune profondeur ne permet à l'âme de se faire une retraite; rien n'est plus secret dans l'âme, parce que rien n'y est creusé. On aborde tout; on porte la main sur tout; on arrache tout; on foule tout aux pieds, parce que nulle part il ne reste ce *chez soi* de l'âme, cette conscience qui ne permettait pas jadis de prendre autre chose que la tête, tandis que maintenant on prend souvent l'âme en dédaignant la tête, qui n'a plus de prix où la conscience est si facile à prendre.

Et les femmes, ces êtres autrefois si chers

(1) Comme au 19 mars, après l'assassinat des généraux Lecomte et Clément Thomas.

parce qu'ils étaient sacrés! Messieurs, je vous le disais il y a peu de jours, tous plus ou moins nous avons vieilli, et nous avons vu la femme encore vénérable et bénie. Hélas! la femme, cet être que nous appelions jadis « ma mère », avec un frémissement au cœur et un tremblement dans la voix; — cet être qu'on appelait « ma sœur », les lèvres épanouies dans le sourire; — cet être qu'on appelait « ma fille », mais en sentant aussitôt, comme dit le poëte, le cœur crier « mon Dieu! » — la femme, cet être que plusieurs appelaient d'avance « mon épouse », et toute leur vie était illuminée et parfumée; — cet être qu'on appelait la mère de famille et qui apparaissait comme une puissance à l'abri de tous les orages, comme la pierre angulaire que rien ne pouvait ébranler, comme le refuge où se cachait tout ce qui était compromis ailleurs; — la femme!... cherchez, messieurs; où donc est-elle? La retrouvez-vous dans cet être frivole qui s'est engoué de toutes les futilités, qui aspire à se produire sur tous les théâtres, sans autre souci que d'être regardé, qui se sépare de ses enfants pour être plus libre en ses caprices, et qui ne tient plus au voisinage de celui qui était jadis son appui, sa consolation, son trésor, sous le nom de père, sous le nom de fils, sous le nom de frère, sous le nom d'époux?

Ah! il est toujours dur, quand on est fils, de parler ainsi des femmes, puisqu'elles sont mères; il est toujours dur de les qualifier ainsi quand on est frère et qu'on peut les appeler des sœurs; il est dur de les qualifier ainsi lorsqu'on leur a confié une part de son cœur et qu'on attend d'elles la joie de son avenir. Mais pourtant, messieurs, n'est-ce pas là ce que nous avons sous les yeux, et n'est-ce pas bien notre faute? La pensionnaire se fait apporter en cachette le roman dont elle a entendu parler à sa mère. Rentrée chez elle, la même jeune fille furette afin de trouver le feuilleton dont elle a vu le titre au bas du journal de son père. La jeune femme se complaît aux conversations nées de cette littérature, dans les salons où elle est maintenant libre de tout entendre et de tout dire. La mère, enfin, tout aussi légère, tout aussi folle, prend la même part à ces lectures et à ces discours.

La femme chrétienne, la femme française a disparu. M. de Montalembert trouvait, en 1848, pour imposer silence à l'orage qui grondait autour de lui, cette parole merveilleuse : « L'Église, c'est une mère! » Et le prestige de cette parole fut si grand, la femme évoquée apparut si merveilleuse, que le silence se fit et l'Église triompha. Ah! messieurs, essayez donc maintenant de jeter sur la place publique ou du haut d'une tribune la parole de Montalembert, vous n'éveillerez plus rien et l'orage ne s'apaisera pas.

Et les masses! Je n'ai pas besoin de les peindre; elles sont autour de vous et vous les pouvez juger. A Dieu ne plaise que je dise d'elles des paroles amères, non pas certes par une prudence que je ne regarderais pas seulement comme insensée, mais encore comme coupable; — insensée, parce que c'est une fausse prudence de ne pas dire la vérité quand les heures sont dangereuses; surtout coupable, car tout homme qui peut mettre une pierre dans l'édifice, est tenu, aux heures où l'édifice s'ébranle, d'apporter cette pierre, nécessaire peut-être pour que tout ne s'écroule pas. — A Dieu ne plaise que je leur envoie des paroles amères! Mais, enfin, vous savez ce que sont leurs œuvres comme vous savez ce que sont leurs idées; elles démolissent, mais ne savent pas ce qu'elles font, et c'est pourquoi il leur faut pardonner. Conduites par des meneurs moins dignes de grâce, elles se ruent à l'assaut de tout ce qui est debout. Voyez-les, suivant l'expression du poëte breton, voyez-les s'empresser autour de ce pauvre lit où leur mère agonise, se disputant, même avant son dernier soupir, le coin du drap qu'ils pourront déchirer ou le bout de planche qu'ils pourront emporter.

A qui la faute? A nous, messieurs, la faute est à nous; car c'est nous qui avons permis l'existence des journaux qui les pervertissent; c'est nous qui avons donné crédit aux discours entendus par eux. C'est nous qui avons fait de l'importance à ces hommes; c'est nous qui avons accru le nombre des abonnés de ces journaux ; c'est nous qui avons livré la famille aux maux qui l'ont envahie. Par nous, messieurs, on a gâté les classes inférieures ; car elles auront beau faire, elles seront toujours conduites par les classes supérieures. Elles font des aristocraties quand elles n'en trouvent pas d'existantes ; elles se donnent à des hommes qui les dominent et les tyrannisent quand elles n'en trouvent pas de tout habitués à les maîtriser et à les entraîner ; il leur faut des comités de salut public quand elles ne veulent plus des pairs de Charlemagne. Il faut qu'elles soient conduites, et c'est par leurs directeurs que leur parviennent les doctrines auxquelles elles se dévouent. Nous autres qui étions ces directeurs à divers titres et qui pouvions empêcher cette décadence morale, nous ne l'avons pas empêchée.

Nous en souffrons ; nous nous en plaignons ; nous pouvons y périr. Eh bien, tâchons au moins de descendre dans la tombe avec quelque dignité. Je ne dis pas, messieurs, que vous essayiez d'enrayer cette course fatale. Il est trop tard ! Quand le fleuve est déchaîné, ce n'est plus le moment d'élever les digues ; il fallait qu'elles fussent élevées plus tôt. Toutefois, si le fleuve s'en va et qu'il ne soit pas possible de lui mettre une digue, il est au moins possible d'utiliser son passage sur les terres ravagées. Nous y pouvons acquérir l'expérience, qui ne permettra plus au torrent de jeter sur nos champs cette couche épaisse de cailloux et de sable. L'eau s'épure en courant, c'est sa loi. Le fleuve laissera tomber dans ses profondeurs ce que la première commotion avait amené à la surface. C'est l'heure alors de le ressaisir ; c'est l'heure de lui rendre son lit et de l'endiguer. Mais il ne faut pas attendre cette heure pour faire les plans de la digue et dessiner le lit où le fleuve reposera. C'est maintenant — pendant qu'il passe, — au lieu de gémir et de se désoler, qu'il faut songer à ce plan. Or, ce plan, messieurs, le voici. Il faut que vous ne sortiez pas d'ici sans avoir pris cette énergique résolution que désormais vous vous interdirez à vous-mêmes l'indifférence devant les idées et les écrits qui les renferment ; — que vous n'introduirez plus dans votre vie intellectuelle les idées malsaines, et que dès lors vous n'aurez plus en main ces feuilles insensées. Il faut que vous sortiez d'ici emportant surtout cette résolution : inquisiteurs impitoyables et brûleurs qui ne se laissent pas attendrir, vous arracherez des plus secrets recoins et mettrez au feu tout ce qui aurait passé, malgré votre vigilance, aux mains de vos enfants, aux mains de votre femme, aux mains de tous ceux qui vous sont soumis. Il faut que vous formiez une sainte alliance afin d'établir une quarantaine autour de ces officines de faux et de mal. Il faut que vous établissiez un cordon sanitaire entre cette peste et tout ce qui peut en être atteint. Il faut à tout prix que vous empêchiez aucune idée fausse d'arriver aux esprits faibles, aucun principe mauvais d'agir sur les volontés chancelantes. Si vous l'avez fait, messieurs, soyez tranquilles. L'heure présente n'est que passagère, et après une nuit troublée peut se lever une matinée sereine. Mais si vous ne savez pas agir ainsi, faites d'avance votre deuil de toutes vos espérances. Ne demandez à rien de ce qui vous entoure de se préoccuper de votre mort; ne demandez pas que sur votre cendre jamais personne vienne à passer. Ceux qui se préoccuperaient de votre mort la trouveraient indigne, et ceux qui aborderaient votre tombe dédaigneraient de la maudire; vous-mêmes, d'avance, a uriezpris soin de la profaner.

SIXIÈME CONFÉRENCE

SIXIÈME CONFÉRENCE

DE L'INERTIE DEVANT LES DEVOIRS SOCIAUX.

MESSIEURS,

Nous voici au terme des études que nous avons entreprises. Dans l'immense malheur où nous sommes, nous avons regardé comme une consolation d'en connaître les causes; et c'est pourquoi nous nous sommes interrogés sur les torts que nous pouvions avoir dans la vie privée, dans la vie de famille et dans la vie sociale. Dans la vie privée, nous avons manqué de foi et de vertu. Dans la famille, nous avons laissé partir l'esprit qui rallie les fils et les frères autour du foyer, et nous avons compromis l'éducation des enfants. Enfin, dans la vie sociale, nous avons eu un premier tort : c'est de nous montrer indifférents devant les doctrines, sans nous demander jamais comment elles atteignent les actes et, par conséquent, les mœurs. Telle est la route que nous avons suivie ; à l'heure présente, il ne nous reste plus qu'à étudier la dernière faute commise.

Ce n'a pas été assez pour ce siècle de se montrer indifférent devant les idées, de leur laisser un libre passage ; il a commis une faute bien autrement grave, l'inertie devant les devoirs.

La société ne se tient pas debout seulement parce que les idées qui s'y produisent sont justes et saines, mais encore parce que tous les devoirs y sont remplis. Et pourtant, messieurs, de même que nous avons laissé se produire sans contrôle, sans opposition, toutes les idées justes ou fausses, saines ou malsaines, stériles ou fécondes, propres à fortifier la société ou propres à la détruire, nous avons été, devant les devoirs qu'impose la vie sociale, d'une inertie égale à cette indifférence.

Je ne vous demande pas pardon pour les libertés de ma parole. Ce n'est pas moi qui fais les événements, et il ne tient point à moi que notre route côtoie des abîmes. Je compte donc sur tout ce qu'il y a de perspicacité et d'énergie dans vos esprits et vos cœurs. Ceux qui craignent un langage trop austère peuvent nous laisser ; ceux qui resteront doivent avoir le courage de s'entendre dire — comme il convient à l'heure présente, à la liberté du ministère apostolique et à leur dignité même — la pleine et entière vérité.

Nous étudierons d'abord, messieurs, ce qui fait vivre les sociétés, et en second lieu ce que nous devons être dans la vie sociale : par là même nous aurons dit ce que nous n'avons pas été.

I

La société, messieurs, ne se conçoit jamais

sans ces deux conditions, la stabilité et le progrès, c'est-à-dire qu'elle a besoin; pour vivre, de l'ordre et de la liberté; car il n'y a pas de stabilité où il n'y a pas d'ordre, et le progrès n'est pas possible où la liberté n'existe pas.

Il y faut d'abord l'ordre, dans lequel chacun trouve et conserve sa place, rend des services proportionnels aux puissances de sa nature et de son éducation, et en même temps s'assure, par les services rendus, des droits sur lesquels personne ne peut porter la main. Ce premier élément, personne n'en conteste la nécessité. Le grand mal des sociétés, c'est le déclassement, c'est-à-dire l'introduction dans certaines fonctions d'hommes qui peuvent s'en croire capables, mais qui leur sont réellement étrangers. Toutes les fois qu'une société s'assied sur cette base ruineuse, nous prophétisons qu'elle ne durera pas. Nous employons, il est vrai, pour peindre cette situation, le mot d'ordre, « un ordre de choses »; mais il est évident que c'est là un terme mal choisi, puisqu'une pareille situation implique fatalement l'idée de désordre, et dès lors exclut toute organisation et toute durée. Tel est le mal dont nous avons souffert et dont nous souffrons encore.

Notre histoire, messieurs, a des heures très-douloureuses; ce qui ne saurait nous étonner, car toutes les nations connaissent ces heures. Mais les nations privilégiées sont jetées davantage dans la lutte, parce qu'elles sont prédestinées à de plus hautes victoires. C'est pourquoi la France, la nation prédestinée par excellence, a toujours dû s'attendre à des épreuves plus fréquentes et plus dures; et c'est vraiment là son histoire. Mais quelle que soit la prédestination qui l'honore, elle n'échappe pas aux conditions ordinaires des luttes imposées aux nations. Elle est en péril quand l'ordre est compromis chez elle; elle est près de sa ruine lorsque l'ordre semble détruit; elle remonte si l'ordre reparaît; elle triomphe quand l'ordre est rétabli.

Dans votre histoire, vous avez constamment cette alternative d'une paix et d'une guerre dues l'une et l'autre au repos ou à l'agitation des passions humaines, de cet orgueil et de cette soif de jouissances qui ne meurent pas plus dans un peuple que dans un individu.

A certaines heures, il se fait comme un accord de toutes les pensées et de toutes les volontés, qui impose silence à ces passions, les tient dans un respect forcé de la loi, les réduit à une sorte de mort, et en fait comme le piédestal mouvant, mais sûr cependant, de la grandeur nationale. Alors la prospérité règne, l'avenir se révèle, la patrie fait un pas, un pas destiné sans doute à rencontrer bientôt un obstacle, mais dont on peut dire qu'il est vraiment une conquête.

Il y a des heures aussi dans lesquelles un autre accord, résultant de je ne sais quelle défaillance et de je ne sais quelle abdication, saisit toutes les pensées et toutes les volontés, et les livre captives aux passions qui relèvent la tête. En ces temps-là, tout est remis en question. Vous voyez surgir de toute part des médiocrités ambitieuses, dont la parole hardie fait taire l'humble parole de la vérité délaissée. Vous voyez sourdre, pour ainsi dire, de tous les points du sol ces brutalités incapables de s'assouvir, portant la main sur tout ce qu'on ne défend plus que d'une façon hésitante, sur tout ce qu'on livre sans avoir même le dessein d'opposer une résistance passagère. Alors triomphe partout ce qu'on appelait jadis *la révolution*, ce qui veut être à l'heure présente *le progrès*.

Ce que vous voyez aujourd'hui s'est répété souvent dans votre histoire; mais à quelque heure que vous preniez ces événements, vous leur trouvez toujours la même cause, le désordre. La loi n'est plus obéie; elle ne donne plus l'idée d'une force capable d'agir partout et toujours, ce qui pourtant est le caractère propre de la loi. Saint Thomas d'Aquin étudiant, il y a sept siècles, les conditions de la loi, disait d'elle ces paroles que l'on croirait dictées d'hier : « La « loi ne saurait être la manifestation d'une « raison ni d'une volonté individuelles. « Comme la loi a pour but le bien commun, « elle doit procéder de la raison commune « et de la volonté générale. Comme le bien

« commun est le bien de toute la société, il « est évident que la loi n'est pas l'expression « de la raison ni de la volonté d'un seul, « mais l'expression de la raison et de la « volonté de la nation. Par conséquent, la loi « n'est autre chose que le *dictamen* de la « raison sociale, soit que la société parle par « elle-même, soit qu'elle s'exprime par ses « représentants (1). » Messieurs, vous ai-je pris votre langage, ou bien est-ce ici l'écho des siècles gothiques? L'homme qui parlait ainsi occupait jadis cette chaire, sous la même bure dont je suis couvert. Vos pères l'écoutaient, ne s'étonnant pas d'entendre ce langage. Mais à coup sûr, on les eût étonnés si on leur eût dit que, six siècles après, leurs fils regarderaient comme une découverte, comme une conquête, ces principes dès lors vulgaires et que leur naïveté ne se croyait pas obligée d'applaudir.

La loi n'est autre chose que la garantie de l'ordre, ou plutôt c'est l'ordre lui-même. Procédant de tous et s'imposant à tous par tous, elle ne saurait léser personne. Personne

(1) *Summ. Théol.* 1-2, quæst. xc, art. 2 et 3.

ne peut s'élever contre elle, puisqu'elle est l'expression de la volonté de tous, de la vôtre comme de la mienne; c'est nous tous qui l'avons faite. D'autre part, lorsqu'elle agit, ce n'est pas moi, votre représentant par votre libre choix, représentant dès lors de votre raison et de votre volonté, ce n'est pas moi qui vous impose la loi. C'est vous-mêmes qui vous l'imposez; et s'il s'élève quelque tête orgueilleuse qui ne veut point se courber, si quelque voix insubordonnée réclame des libertés où nous avons le droit de voir des licences, nous pouvons frapper cette tête et faire taire cette voix. Il y a là un danger pour tous, où la société est compromise par le caprice et pour le bon plaisir d'un homme. Et qu'est-ce donc qu'un homme, quand il s'agit de la société?

C'est là, messieurs, une doctrine que nous avons peine à entendre, en ce temps de demi-convictions et de demi-mesures. Mais enfin il en faut bien prendre son parti ou supprimer l'histoire. Quand est-ce, s'il vous plaît, que la société a été troublée, sinon quand on a laissé discourir quelqu'un de ces parleurs?

Quand est-ce que la société a souffert, sinon quand on a laissé faire quelqu'un de ces imprudents? Quand est-ce que la France a paru perdue, sinon quand on a laissé triompher quelqu'un de ces factieux? Au contraire, lorsqu'il nous a été donné de voir le bon sens unir, dans une alliance invincible, le peuple et le prince pour saisir à la gorge et rejeter vite dans l'ombre ces fauteurs de désordre — cette répression dût-elle être violente, — la société n'a pas été compromise, le progrès a suivi sa route, l'avenir s'est nettement dessiné, nous avons eu devant nous les siècles. Hélas! que nous sommes loin de cette situation! Des siècles! Messieurs, aurons-nous demain? Demain! Aurons-nous des heures? Je parle; me garantissez-vous qu'on n'interrompra pas ma parole, et que, ce soir, je ne serai pas dans ce formidable silence dont parle Tacite, et que les tyrans de Rome imposaient à leurs contradicteurs? *Ubi solitudinem fecerunt, pacem appellant* (1).

Et pourquoi? Parce qu'il ne s'est pas trouvé dans la société cette vigueur qui soutenait

(1) Tacite, *Agricola*.

autrefois le respect de la loi et ne permettait pas que l'ordre fût compromis, dût-elle employer la force où la raison n'agissait plus, pour rendre à chacun sa place et l'obliger à s'y maintenir.

C'est le premier élément de la vie des sociétés.

Mais la stabilité seule ne suffit pas. La stabilité serait la mort, si elle excluait la possibilité du mouvement; car vivre, c'est agir. Dès lors la stabilité appelle le progrès. Du reste, messieurs, je ne sais vraiment pas pourquoi l'on sépare ces deux idées. La distinction n'est que fictive, et c'est un artifice oratoire que de mettre d'un côté ce qui s'appelle la stabilité, et d'un autre côté ce qui s'appelle le progrès.

Le progrès a besoin d'une base certaine sur laquelle il bâtira; d'un point de départ certain d'où il mesurera sa route. Il suppose donc la stabilité, ou mieux il n'est que la stabilité expansive. De même la stabilité étant la paix, suppose la conservation, la durée de la société, c'est-à-dire son mouvement en avant. Ainsi la stabilité n'est autre chose que le progrès commencé et assuré. Nous ne devrions donc pas distinguer; mais notre langue est assez pauvre pour ne point permettre aux idées de s'émettre d'abord dans leur plénitude, et c'est pourquoi, après avoir parlé de la stabilité, nous parlerons du progrès.

A quoi tient-il?

Le progrès est le développement *régulier* de ce qu'il y a de puissances et d'intérêts en chacun de ceux qui constituent la société. Si nous sortons de cette notion, l'évolution des puissances ou des intérêts de l'individu ne se conçoit plus que comme un péril, dès lors comme le désordre; et nous voici loin de la notion d'une société parfaite. Il faut donc soumettre le progrès à la loi; c'est là une nécessité absolue. Quiconque évolue dans le progrès ne doit point oublier que ses efforts garderont des limites, celles qui lui sont imposées — par le devoir, puisqu'il est entouré d'êtres égaux à lui, — par ses droits, puisqu'il est égal à ceux qui l'entourent. Il a besoin qu'on ne paralyse pas ses facultés et qu'on ne compromette pas ses intérêts; de même il ne peut lui être permis de paralyser la puissance de ceux qui l'avoisinent et de compromettre leurs intérêts. Vous voyez dès lors comment la loi se conçoit; non pas comme une entrave à la liberté, mais au contraire comme une garantie de la liberté. Otez la loi; je puis, il est vrai, dans une liberté factice, mettre la main sur ce qui est à vous. Rien ne me gênera; je suis plus fort, plus habile ou seulement plus heureux; je prendrai, je prendrai encore, je prendrai toujours. C'est bien. Mais si vous n'avez pas de garantie contre moi, quelle garantie ai-je contre un retour toujours possible? Si demain vous êtes le plus fort, le plus habile, le plus heureux, qu'arrivera-t-il? Aujourd'hui je suis le plus indépendant, le plus satisfait; demain je ne serai plus qu'un captif, un être foulé aux pieds.

Ah! cette liberté-là, votre soleil l'éclaire depuis longtemps! Voilà soixante-dix ans que toutes ces libertés se lèvent et règnent l'une après l'autre. Il y a la liberté avec la terreur, la liberté avec la guerre, la liberté avec la licence, la liberté avec la paix à tout prix, la liberté avec l'ivresse du plaisir;

il y a la liberté... O Seigneur! Dieu de liberté, pardonnez-moi de profaner ce nom sacré! Mais enfin nous avons aussi notre *liberté!* Nous les avons toutes vues à l'œuvre; toutes ont passé gênant, opprimant, écrasant. La liberté des jacobins, messieurs, est-ce que vous la regrettez? La liberté avec César, est-ce que vous y désirez revenir? La liberté de la licence, même avec les lis de Bouvines et d'Ivry; la liberté des intérêts matériels, même avec la paix à tout prix; la liberté que Sedan a balayée, même avec le débordement de plaisirs que vous savez, est-ce que vous en voulez? La liberté dans des murs investis et foudroyés par l'ennemi vous suffit-elle? La liberté avec le drapeau rouge, est-ce là votre idéal? Mais non, il n'est pas possible que vous veuillez de tout cela. Pourquoi? Eh! mon Dieu, la réponse est bientôt faite! Tout cela n'est pas la liberté. Pourquoi encore? C'est qu'à tout cela ne s'impose pas la loi, la loi qui vient de tous, qui règne par tous, mais qui règne pour tous. La liberté, oui, nous la voulons! mais la liberté sous la loi, sous la loi véritable, non pas celle qui naît du caprice, qui opprime le faible et bâillonne tout ce qui déplaît, mais la loi qui convie ceux qui ont une pensée à la dire, qui ont une volonté à la mettre au service de la patrie, qui ont une force à la mettre dans les fondements de l'édifice : voilà ce que nous désirons. Mais nous l'attendons encore, et ce *réveil* tant vanté n'a été que l'agitation succédant au cauchemar. Aux yeux du sage, rien de pareil n'est la vie, rien de pareil n'est la loi, rien de pareil n'est la liberté, rien de pareil n'est le progrès.

Écoutons encore saint Thomas d'Aquin... (Messieurs, comme il fait bon, n'est-ce pas, remonter les siècles et s'asseoir auprès de ces raisons toujours tempérées, toujours fécondes, qui n'avaient pas besoin de se précipiter parce qu'elles étaient certaines d'atteindre le but.) Eh bien, saint Thomas nous dit : « Si vous n'êtes pas libres, vous ne « pouvez pas être citoyens : l'esclave n'a point « de place dans la société (1). » A ce compte-là, messieurs, où en est donc notre société? Cherchez : *citoyens* ou *patrie*, où tout cela se

(1) *Summ. Theol.* 1-2, quæst. XCVIII, 6.

trouve-t-il? Voilà soixante-dix ans que vous écoutez parler de liberté, de fraternité, d'égalité; où en êtes-vous? Où est, au sens de saint Thomas d'Aquin, ce qui fait l'homme libre, le citoyen? Pour moi, je ne me sens pas citoyen le moins du monde; car encore que je n'aie pas l'intention de mettre une sourdine à ma pensée ou à ma parole, je sais bien que la prudence m'oblige à taire beaucoup de choses; et encore que vous ayez le courage d'entendre tout ce que j'aurais à vous dire, vous sentez que votre présence ici m'impose des réticences que vous ne me pardonneriez pas de mépriser. Nous ne sommes pas des *citoyens;* nous ne nous sentons pas dans cette atmosphère libre, sous ce libre soleil, dans cette libre vie que l'Apôtre prêchait aux premiers chrétiens, au pied de la croix du Christ, couvert du sang de son maître : « Vous avez été rachetés d'un prix inestimable; vous êtes libres maintenant, ne souffrez pas que l'on vous enlève cette liberté » *Empti esti pretio magno; nolite servi fieri* (1).

Voilà les deux éléments de la vie sociale :

(1) 1 Cor. VI, 20. — VII, 23.

la stabilité par l'ordre, le progrès par la liberté. La stabilité par l'ordre, qui, mettant chacun à sa place, lui permet de donner ce dont il est capable pour le profit commun, et lui assure le respect des droits fondés sur les services qu'il a rendus; — le progrès, qui naît de la liberté, dans laquelle chacun, soumis à la loi, se sent protégé pour tout ce qu'il y a de juste et de vrai dans ses pensées, dans ses aspirations, dans ses actes, et marche sans crainte de trouver d'autres limites que celles de la justice et de la raison.

Telle est, messieurs, la situation des sociétés parfaites. Mais il est évident que cet ordre peut être compromis. Il peut être compromis par certains hommes et par certains faits. Il peut être compromis par des hommes dont les passions ne sont pas satisfaites de l'ordre de choses où ils sont; et par des faits, c'est-à-dire par cette force des choses qui introduit fatalement dans les institutions humaines, d'ailleurs imparfaites, des malaises en raison desquels la société la mieux équilibrée vient un jour à réclamer des réformes. Mais les hommes capables de compromettre les sociétés ne les compromettent réellement qu'à la condition d'agir; et cette imperfection des institutions devient dangereuse là seulement où l'on ne prend pas garde à la décadence qu'elle engendre forcément. En d'autres termes, la société est compromise quand le plus grand nombre des citoyens se retire de la vie sociale, et c'est la faute que nous avons commise.

II

Se retirer de la vie sociale! Ne semble-t-il pas, messieurs, que poser la question, c'est la résoudre? Est-il permis de se retirer de la vie sociale? Si je vous interrogeais directement, une immense protestation me répondrait : « Cela n'est pas permis (1). » Cependant, messieurs, vous l'avez fait.

On nous reproche, à nous autres *chrétiens* (le mot peut-être n'est pas exact pour tous; voulez-vous que j'emploie un mot plus élastique, qui convienne mieux à notre siècle,

(1) Matth. XIV, 4.

où jamais l'exactitude n'est de mode), on nous reproche, à nous autres *conservateurs*, de ne point aimer la vie publique. Si nous sortons de ce qu'il y a d'ambigu dans l'idée supposée par le mot *conservateur*, pour arriver au terrain ferme que suppose le mot *chrétien*, rien n'est plus faux. La vie chrétienne ne peut pas exclure la vie sociale. On nous dit cependant : « Vous autres chrétiens, vous aimez les vertus privées; vous prenez un homme, vous le modelez dans les vertus qui conviennent à l'individu; il sera fidèle, sobre, juste, chaste; mais vous ne sortez pas de là. Tout est égoïste chez vous. Si l'on vous appelle à prendre votre part du mouvement des sociétés, à paraître dans la vie publique, à vous jeter dans ses agitations périlleuses, vous n'en êtes plus. » C'est le reproche ordinaire, en raison duquel on renvoie les chrétiens et ceux qui les conduisent *à la sacristie*, pour employer l'expression consacrée. Qu'ont-ils à voir avec le mouvement de la société? Qu'ils soient au pied de leurs autels, mais qu'on ne les voie pas devant les tribunes. Qu'ils s'empressent dans la nef de

Notre-Dame, mais qu'ils nous laissent la place de l'Hôtel de ville. Qu'ils débattent entre eux les questions de dogme et de morale, mais qu'ils ne touchent point aux principes sociaux. Qu'ils luttent, au besoin, pour ou contre l'opportunité et la réalité de l'infaillibilité pontificale, mais qu'ils nous laissent à nous le progrès, la liberté, l'avenir, tout ce qui tient à la vie publique, dans l'ordre du langage et dans celui des faits. Voilà ce que nous entendons tous les jours. Ce n'est peut-être pas très-logique; mais enfin c'est là ce que nous entendons. Que répondrons-nous, messieurs?

En théorie, rien n'est plus faux; en pratique, rien n'est plus vrai. Théoriquement, ce n'est pas vrai, et la raison en est bien simple. Être chrétien, qu'est-ce donc? Être chrétien, c'est être semblable à Notre-Seigneur Jésus-Christ, tout au moins, c'est le vouloir. Mais être semblable à Notre-Seigneur Jésus-Christ, c'est être l'homme parfait : *Virum perfectum*, dit saint Paul (1).

Dès lors, être chrétien, qu'est-ce donc?

(1) Éphès. IV, 13.

C'est pratiquer dans la vie privée toutes les vertus qui conviennent à la vie privée ; c'est être, dans la famille, le fidèle observateur des devoirs qui s'imposent à la vie de famille ; mais aussi, c'est être dans la cité, devant la nation tout entière, l'exemple de la fidélité à tous les devoirs que suppose la notion de la cité ou de la patrie. C'est pourquoi je n'ai jamais séparé devant vous, messieurs, ces trois idées : l'idée de la perfection morale, l'idée de la perfection chrétienne et l'idée de la perfection patriotique.

Avant de monter sur la croix, non pour un homme, mais pour l'humanité, Jésus avait commencé, du haut de la montagne de Sion, par pleurer sur Jérusalem, la patrie des enfants d'Israël (1). On n'est homme, on n'est chrétien qu'à condition d'être de son temps et de son pays ; d'être, je ne dis pas seulement le serviteur, mais le martyr des véritables intérêts de la patrie ! S'il n'en est pas ainsi, il faut s'attendre à se voir accusé par les larmes versées sur Jérusalem.

Du reste, messieurs, s'il faut ici une dé-

(1) Luc, XIX, 41.

monstration, eh bien, faisons-la. Votre conscience, vos intérêts, par conséquent votre honneur, vous imposent cet accomplissement des devoirs sociaux.

Et d'abord la conscience.

Qui êtes-vous? Vous n'êtes pas seulement des êtres bénéficiant du développement naturel, forcé, des dons que Dieu leur fit à leur naissance. Vous n'êtes pas seulement tributaires de l'éducation reçue dans une famille plus ou moins honnête, plus ou moins intelligente, plus ou moins influente. Vous êtes aussi les fils d'une époque, d'un siècle. Votre intelligence a pris quelque chose à l'esprit de ce siècle; votre cœur a emprunté quelque chose aux passions qui agitent ce siècle; votre volonté s'est affermie à tout ce qu'il y a de généreux dans les aspirations de ce siècle. Votre combat lui-même n'est autre que le combat où lutte ce siècle. Nulle part ni jamais vous n'êtes en dehors de cette atmosphère; partout et toujours vous êtes pressés, vous êtes pénétrés par la vie de ce siècle. Médisez de lui tant qu'il vous plaira; dites qu'il est en décadence; mettez-le sous les pieds; demandez qu'on l'efface, comme Job demandait qu'on effaçât le jour de sa naissance (1). Ce sera parfaitement inintelligent et ridicule; toutefois je vous le passerai si cela vous fait plaisir. Mais ne venez pas dire que vous n'êtes pas nés au dix-neuvième siècle, ou que, nés au dix-neuvième siècle, vous n'en subissez pas fatalement l'influence.

De même que vous en souffrez, vous en bénéficiez, et puisque vous recevez, vous devez rendre; c'est un devoir de justice. On ne vous apporte pas seulement pour que vous gardiez : votre satisfaction égoïste n'est pas le seul but que l'on se doive proposer en vous enrichissant. Cela semble indiscutable, n'est-ce pas, messieurs?

Cependant vous avez entendu la plainte de ce temps, de voir en faveur et en pratique la doctrine qui apprend à recevoir et ne point donner, trouver acquis et ne point faire fructifier, consommer sans produire, être au milieu de l'activité générale comme un terme, comme une pierre tombée au milieu d'êtres

(1) Job, c. III, 3-6.

vivants, ou comme un animal sans raison, forcé de vivre parmi les hommes.

Cette plainte est juste, et si elle paraît ainsi à l'homme de cœur, à combien plus forte raison le paraît-elle au chrétien! La conscience se révolte et impose la reconnaissance et l'acquittement de la dette contractée.

Comment! tout ce qui fait votre héritage est en quelque sorte le bienfait de la société où vous vivez, puisque votre père s'est aidé, pour l'acquérir et vous le transmettre, de tous les secours mis à sa disposition par la société, et vous n'auriez rien à rendre? Vous n'auriez plus qu'à jouir? Vos ancêtres auraient travaillé, et vous n'auriez qu'à vous reposer? Ils vous auraient dressé une tente où vous n'auriez qu'à dormir? Ils vous auraient préparé un lit..., non, une tombe, où vous vous coucheriez dans l'inertie de la mort? Mais non, messieurs. On n'est pas homme à ce prix-là. Il faut rendre quand on a reçu; il faut rendre à la mesure de ce qu'on a reçu; disons plus, messieurs — car le progrès est la loi de la vie, — il faut rendre plus qu'on n'a reçu.

Quels étaient vos pères, messieurs? Vous

êtes les fils des vieilles races, les enfants de ces hommes dont le blason date de Tibériade ou d'Ascalon. Eh bien, qu'on vous trouve encore sur les champs de bataille, à la recherche des traces laissées par vos pères ! Dieu soit béni, messieurs, et réjouissons-nous ! Autour de cette capitale il a été versé beaucoup de sang, de ce sang qui coula jadis dans les plaines de Saintes, de Taillebourg, de Bouvines, de Coutras et d'Ivry, de ce sang qui courait dans les veines des pairs de Charlemagne, des preux de Philippe-Auguste, des gais compagnons d'Henri IV, de ce sang que Dieu purifia par l'échafaud des souillures du dix-huitième siècle, et qui se retrouva prêt à jaillir, jeune et généreux comme au temps des croisades, du cœur des Dampierre, des Coriolis et des Grancey.

Mais vous n'êtes pas tous de ceux-là. Vous êtes les fils des races modernes, de cette bourgeoisie qui s'ébranlait au souffle de 89, et formulait dans un digne et ferme langage les *cahiers* des états généraux. Vous êtes cette vieille terre française, ce vieux granit sur lequel poussaient les grands chênes dont nous venons de parler, sur lequel aussi vivaient les arbustes et les humbles plantes qui n'avaient pas encore d'histoire et ne réclamaient rien de la gloire du nom français. Eh bien, que je retrouve en vous les aspirations et les efforts qui seront l'éternel honneur de vos pères! Soyez, messieurs, non pas de cette bourgeoisie qui s'accommode de la table servie, du lit dressé, du toit tranquille, de la vie sans dangers et sans peine, mais bien de cette bourgeoisie qui n'avait pas attendu Mirabeau pour dire ce qu'elle avait raison de prétendre, et qui, bien avant la vaine *déclaration des Droits de l'homme*, faisait aux états de Blois la juste déclaration des droits du catholique et du Français. Soyez de cette bourgeoisie qui valait bien noblesse, parce qu'elle estimait comme elle l'honneur à plus haut prix que les honneurs, à plus haut prix surtout que le repos et le plaisir!

Mais vous n'êtes pas encore tous de ceux-là, messieurs, car notre société rapproche, dans un voisinage qui n'a rien d'humiliant, toutes les classes dont elle se constitue. Vous êtes les fils de ces ouvriers devenus, à proprement parler, la force de la France. C'est vous qui produisez ce que les autres utilisent. Vous donnez beaucoup à la bourgeoisie, quelquefois trop; vous êtes les auxiliaires de ses généreuses et imprudentes ardeurs. Vous donnez à la vieille noblesse française des compagnons, parfois de, chefs, dans les combats où elle se rajeunit. Vous êtes le dernier mot de cette trilogie sublime où les termes sont égaux parce que leurs destinées sont également fécondes, quand un accord intelligent et désintéressé les rapproche et les unit. Votre part est le travail. Eh bien, alors, que je ne vous voie pas, sortis de l'atelier à la suite de quelque parleur, mettre l'outil en oubli pour une oisiveté dont le moindre danger n'est pas la ruine de vos intérêts et de votre honneur. Soyez ce que doivent être vos frères, les hommes du devoir! Tous ensemble cherchez en quoi vous pouvez aider la société. Mettez en commun vos idées, plus encore vos dévouements, et que de cet accord généreux naisse enfin la stabilité qui assure le progrès! Que la France ne soit plus une terre ensanglantée tous les vingt ans par des luttes fratricides, mais une terre fécondée par ce patient travail dont le salaire est l'abondance avec la liberté!

C'est ainsi qu'il faut être, messieurs; mais est-ce là ce que nous avons été? Non. Les hommes qui pouvaient tout compromettre, nous les avons laissés passer ou même nous les avons fait monter. Les actes qui pouvaient tout mettre en question se sont produits avec notre assentiment, quelquefois avec notre concours. C'est une histoire récente, et une histoire navrante. Vous ne direz pas que vous n'étiez pas armés contre ces hommes et contre ces tentatives : à aucune époque vous n'avez été plus puissants. Jadis, lorsqu'une idée malsaine se produisait, on avait pour la combattre l'épée; l'épée ne fait jamais une victoire définitive; ce qu'on frappe de l'épée reste à terre un instant, mais se relève dès qu'elle est au fourreau. Vous aviez l'espérance d'une victoire plus décisive parce qu'elle était pacifique. On vous avait armés de tout ce qui fait la force de l'homme intelligent et généreux. Vous aviez le scrutin pour émettre vos vœux; vous aviez la presse pour exprimer vos idées; vous aviez l'association pour vous compter et vous appuyer mutuellement. Qu'avez-vous fait de tout cela? Quand on vous a priés d'ajouter votre voix aux voix qui devaient dire ce que voulait la France, les uns se sont laissé entraîner par leurs passions personnelles, les autres, dans une inertie bien plus coupable, parce que c'est la lâcheté dans sa plus haute expression, se sont abstenus. Et comme il n'était plus possible d'assurer une majorité au vrai et au juste, vous avez laissé arriver et dominer les idées et les hommes dont vous ne vouliez pas. — Vous avez bien dit : « Cet homme est insensé; cette idée n'est pas juste. » Mais vous avez craint l'effort à faire pour les écarter. — Vous avez dit : « Cet homme est mauvais; ses desseins sont pervers. » Mais vous n'avez pas fait un mouvement pour les arrêter. — Vous avez dit : « Cet homme ne doit pas rester là; cette œuvre ne saurait durer. » Et vous assez laissé les hommes et les œuvres durer jusqu'à l'heure où vous avez trouvé devant vous cet obstacle infranchissable, paraît-il, *les faits accomplis*.

Telle est votre histoire, messieurs. Vous avez demandé des conquêtes, vous les avez eues : — inutiles. Vous avez demandé des libertés, on vous les a données : — stériles. Vous avez été tout-puissants, souverains : — des rois fainéants. Et c'est ainsi que vous avez vu se produire cet abaissement progressif dont vous gémissez. Ah ! vous parlez de liberté ! Comment se fait-il que, depuis soixante-dix ans, on vous voie perpétuellement occupés à faire des révolutions contre ce que vous appelez la *tyrannie?* Vous avez réclamé et pris la force ; comment se fait-il que vous vous plaigniez perpétuellement d'être opprimés? Vous avez poursuivi et assuré, dites-vous, le progrès ; comment se fait-il que vous vous plaigniez sans cesse qu'on vous ramène en arrière? Était-ce possible, avec ce que vous aviez de ressources entre les mains? Non, messieurs. Il y fallait une abdication ; vous avez abdiqué.

Vous aviez la presse ; vous lui avez laissé dire tout ce qu'elle a voulu de mal ; vous avez rarement aidé ce qui s'est dit de bien. On s'est toujours demandé avec surprise comment il se faisait qu'un journal honnête ou un livre sérieux ne pouvaient faire leur route. Hélas! messieurs, qui lit le journal sérieux? qui achète le livre honnête? On a fondé des sociétés prospères pour gâter les esprits et les cœurs. Vous vient-il à la pensée de vous associer pour faire prospérer les publications qui enseignent la vérité et la justice? La presse! Encore une puissance stérile, encore une royauté fainéante. A qui la faute? A vous, messieurs.

Et l'association! Vous avez combattu longtemps pour en avoir le droit; vous l'avez eu. Qu'a-t-il produit? Regardez! Des sociétés secrètes auxquelles vous n'avez jamais osé permettre qu'on touchât, et des associations généreuses que vous avez laissé détruire sans protestation. Vous êtes devenus ce peuple dont le prophète a dit : « Il est comme un petit oiseau que l'oiseleur prend dans son nid, et qu'il emporte dans sa main sans qu'il ose crier ni remuer les ailes (1). » Est-ce vrai?

(1) Isaïe, x, 14.

Cela fait, quand vous êtes arrivés au bord de l'abîme, quand la main qui vous poussait de votre plein gré a donné la dernière secousse, vous vous êtes rejetés en arrière; vous avez prétendu qu'on lésait vos droits. Vos droits! comme vous êtes bien venus à parler de vos droits! Le droit est essentiellement actif. Vous avez tout mis en terre, comme le serviteur paresseux de l'Évangile (1), et quand la justice éternelle vous balaye au vent que vous avez laissé s'élever, vous venez dire qu'on vous fait tort! Messieurs, frappez donc votre poitrine! Vous avez renoncé à la vie sociale. Vous autres chrétiens, je ne vous trouve nulle part à votre place, ni dans l'armée, ni dans la diplomatie, ni dans la science, ni à la tribune, ni dans les arts, ni dans les lettres! Vous n'êtes les soutiens d'aucune grande œuvre; vous n'êtes rien. Aussi, quand il se fait quelque chose, on se passe de vous. Et vous vous étonnez qu'on s'en passe!

Eh bien, messieurs, puisqu'il faut con-

(1) Matth. xxv, 18.

clure, vous savez comment je terminerai.

A l'heure présente, il est bien tard ! et dire ce que vous avez à faire semble bien inutile. Vous convier à des réactions énergiques? En êtes-vous bien capables? Et d'abord serait-ce bien opportun? Capables? Messieurs, Je serai franc jusqu'au bout; je ne le crois pas. Opportun? Je le crois moins encore. Dès lors, à Dieu ne plaise que j'appelle sur le mal triomphant cette répression sanglante à l'aide de laquelle nous aurions non pas des jours de paix, mais des jours troublés, en attendant une autre catastrophe! Mais enfin, puisqu'il faut désirer un remède à ce mal, où est-il, messieurs?

Ce que vous avez rendu stérile est encore entre vos mains. Vous avez encore le droit de suffrage; on ne vous l'ôtera pas, si vous le défendez. Vous avez encore la presse; on ne vous la prendra pas, si vous ne la laissez pas prendre. Vous avez l'association; on n'y touchera pas, si vous ne le voulez pas. Il faut que vous vous serviez de ces armes; il faut que vous ne laissiez pas échapper une occasion de vous montrer debout, nombreux, serrés, actifs. Il ne faut pas que là où vous pouvez être dix, vous soyez moins de dix; il ne faut pas que là où vous pouvez être cent, vous soyez moins de cent. Vous êtes la majorité; il faut que vous restiez la majorité. Il faut que votre parole, comme celle de toute majorité, s'élève et qu'on l'entende. Je ne vous demande pas autre chose maintenant; mais cela est nécessaire. Il ne faut pas qu'on se taise; il ne faut pas qu'on s'en aille — regardant si les murs n'ont pas des oreilles, si les ténèbres ne voient pas — avant d'émettre son avis. Il faut que vous parliez comme ceux qui ont le droit et qui sont le plus grand nombre, tout haut et sans douter du succès.

Et quand même il n'en serait plus ainsi, parce que vous seriez le petit nombre, vaincus et proscrits (ce que certains croient être dès maintenant, comme s'il était possible de concevoir une majorité vaincue et proscrite), — quand même vous n'auriez plus de choix qu'entre leur règne et la mort, eh bien, messieurs, c'est d'eux-mêmes que nous devons recevoir la leçon, qu'ils ne savaient pas si bien nous faire :

Si l'on n'est plus que mille, eh bien, j'en suis! si même
Ils ne sont plus que cent, je brave encore Sylla;
S'il en demeure dix, je serai le dixième,
Et s'il n'en reste qu'un, je serai celui-là (1).

Maintenant, messieurs, nous voici au terme de nos études. Placé dans cette chaire par un accident qui me permettait de tout oser, parce qu'il vous obligeait à tout pardonner, je n'ai pas craint d'aller devant moi, presque sans préparation, c'est-à-dire sans grandeur ni portée dans la pensée et dans la parole; et votre bienveillance m'a montré que j'avais eu raison. Si les circonstances me laissaient libre de vous convier, ces jours-ci, à la retraite ordinaire, je me fierais encore à votre indulgence. Mais puisque Dieu ne le veut pas, quittons-nous, messieurs, — moi, après vous avoir remerciés, — vous, après m'avoir amnistié. Des temps meilleurs ramèneront autour de cette chaire un auditoire toujours plus

(1) V. Hugo, *Ultima verba.*

considérable, je l'espère, et dans cette chaire aussi une voix plus éloquente. Je vous rends ce témoignage qu'on ne trouvera pas dans l'auditoire plus de sympathie avec plus d'intelligence. Mais dans la chaire aussi, messieurs, si l'on trouve une pensée plus haute et une parole plus brillante, on ne trouvera pas un cœur plus reconnaissant ni plus dévoué.

DISCOURS

PRONONCÉ

DANS LA CHAPELLE DU PALAIS DE VERSAILLES

DISCOURS

PRONONCÉ

DANS LA CHAPELLE DU PALAIS DE VERSAILLES

LE DIMANCHE 14 MAI 1871

MONSEIGNEUR (1),

Jamais tâche plus facile en apparence ne fut offerte à une parole sacerdotale et française. Recommander, comme prêtre, la plus noble des infortunes, et, comme Français, rendre hommage au sang versé pour la plus juste des causes — devant la plus illustre assemblée que cette enceinte pût réunir, — n'est-ce pas, en effet, une mission bien facile, et n'aurais-je pas mauvaise grâce à m'en plaindre?

(1) Mgr Guillemin, évêque de Canton.

Mais est-ce bien là tout ce qu'attend de moi, à l'heure présente, le grand nombre de ceux qui m'écoutent? Puis-je oublier où je suis? Puis-je oublier que je parle devant vous, messieurs (1), que je dois parler à vous, et, dès lors, si noble que soit le sujet auquel je parais devoir me tenir, puis-je m'y restreindre et ne pas aborder la question dont tous les esprits sont préoccupés? Je ne le crois pas. Derrière ses fils blessés, la France elle-même apparaît, blessée aussi, jetée à terre, criant vers nous et tendant les mains pour obtenir, je ne dis pas seulement un allégement à ses souffrances, mais l'espérance, la certitude de ne pas mourir!

Pauvre France! elle est bien malade, n'est-ce pas? Et c'est avec raison que nous craignons d'interroger l'avenir. Vivra-t-elle? C'est la question qui nous obsède et nous étreint le cœur. Vivra-t-elle?

C'est à vous de répondre, messieurs, puisque vous êtes les arbitres de son sort. Si vous le voulez, elle vivra, parce qu'elle re-

(1) Un grand nombre de députés assistait à la cérémonie.

viendra, par vous, à la mission qui la fait vivre. Dieu l'a destinée à conserver et à étendre dans le monde le règne de la vérité et de la justice, le règne de la vraie civilisation et de la vraie liberté. Tant que l'âme humaine saura le prix de ces biens, et que leur divin auteur voudra laisser à un peuple le péril et l'honneur de leur sauvegarde, la France vivra, parce que seule la France remplit les conditions de cette haute destinée.

Mais il faut qu'elle veuille s'y tenir; et puisque à l'heure présente elle en est sortie, il faut qu'elle veuille y rentrer; et c'est par vous, messieurs, qu'elle aura cette volonté, si elle la retrouve. C'est donc bien à vous que je dois demander : Vivra-t-elle? Aussi je n'hésite pas à vous retenir aux graves considérations que cette question fait naître. Ah! messieurs, laissez-moi vous dire de quelle émotion j'ai l'âme saisie en ce moment. Ce n'est pas la première fois que l'on fait à ma parole l'honneur périlleux des plus lourdes tâches. Mais si grand qu'ait été le ministère dont on m'honorait, il ne peut me cacher la gravité de la rencontre présente.

Je me fie à votre intelligence et à votre générosité. Je vous apporte simplement la libre et sincère parole qui nous convient, je le crois. Si la rudesse native des fils de la Bretagne vous fait parfois songer au paysan du Danube, permettez-moi d'espérer que vous vous souviendrez aussi du sénat romain.

I

La France a reçu d'en haut cette mission, que personne ne conteste, de conserver et d'étendre dans le monde le règne de la véritable civilisation et de la véritable liberté. Longtemps fidèle à cette mission glorieuse, elle a grandi à travers les épreuves et touché plus d'une fois le faîte des prospérités humaines.

Vous n'attendez pas de moi, messieurs, que je m'arrête au récit de nos gloires nationales. Vous savez aussi bien que moi cette suite de services rendus, de victoires remportées, de progrès accomplis. Dieu ne s'est point montré ingrat; il a dignement payé sa dette, et si nous avons à nous plaindre, ce n'est pas d'en avoir été méconnus.

Aujourd'hui, toutes ces splendeurs se sont évanouies. Fidèle à sa mission, la France s'élevait et rayonnait dans le monde comme l'astre de Louis XIV monte et resplendit dans le ciel. Mais elle a méconnu les desseins de la Providence; se laissant séduire à l'idée d'un progrès qui la rejetait à treize siècles en arrière, elle a laissé la notion et la pratique de la vraie civilisation, de celle qui naît de l'Évangile et se conserve par l'action constante du Christ sur les sociétés, pour lui substituer, dans ses pensées et ses desseins, les raffinements et la licence dont le paganisme d'Athènes et de Rome faisait la civilisation. C'est alors que sont venues les heures mauvaises...

Si vous doutiez, messieurs, du rapport existant entre nos malheurs et cette abdication, je vous prierais de vous demander à vous-mêmes quelle est votre œuvre en ce moment et quelles nécessités vous l'imposent.

Votre œuvre, elle est belle entre toutes et vous assure l'appui de tous les cœurs français. Ah! nous sommes bien vraiment avec vous, prêts à tout pour vous aider, reconnaissants de ce que vous avez fait déjà, confiants en vous pour ce qui reste à faire. Votre œuvre, elle est belle entre toutes, et vous pourrez en être fiers quand vous viendrez, comme le consul antique, devant les portes fermées de votre palais, dire à la France que tous ses périls ont cessé, que tous ses ennemis ont vécu!

Mais enfin, messieurs, votre œuvre, en quoi consiste-t-elle donc? Hélas! il ne s'agit même pas de conduire avec prudence et fermeté un peuple égaré dans un chemin qui côtoie des abîmes. L'abîme a pris la place du chemin; et c'est tout au fond qu'il vous faut descendre pour y retrouver brisée, agonisante, la France de Clovis, de Charlemagne et de saint Louis. Votre mission, c'est de la ramener de cette mort où l'ont jetée, il y a près d'un siècle, les sages qui ne voulaient plus du Christ, les triomphants qui proclamaient la victoire de la raison sur la foi! Il était si beau, semblait-il, et il devait être si fécond d'avoir secoué le joug de l'Église, d'avoir émancipé, que dis-je? d'avoir divinisé l'homme au détriment de Dieu! L'effet ne tarda pas à se montrer; non pas tout de suite, il est vrai. Le vent qui dessèche les grands chênes n'atteint d'abord que les branches et semble, au premier instant, respecter les racines. Nous ne sommes pas tombés tout d'un coup : il nous restait de la vieille séve assez pour nous assurer encore quelques jours. Mais aujourd'hui, tout est fini : il ne nous reste plus rien à attendre. Ah! Dieu a bien pris sa revanche; elle est complète, et nous avons bu le calice jusqu'à la lie.

Un souvenir me presse, messieurs, et vous me permettrez de vous le dire. Quel souvenir et aussi quel contraste! Il y a trente ans à peine, sous les voûtes de cette métropole que M. de Quélen nommait si bien Notre-Dame de France, devant la plus belle réunion d'hommes que notre siècle eût encore vue, — la paix assurant la prospérité, la vie intellectuelle se rajeunissant au souffle de je ne sais quel printemps, — la plus grande voix de la chaire catholique rappelait les bénédictions de Dieu sur la France fidèle à sa vocation. Et se laissant entraîner au charme de tels souvenirs et à celui de la sympathie qui rattachait si intimement l'orateur et l'assistance, le P. Lacordaire s'aperçut enfin de la fuite du temps et se prit à s'en excuser devant vous : « Je suis long, messieurs, s'écria-t-il ; « mais c'est votre faute ! C'est votre histoire « que je raconte, et vous me pardonnerez de « vous faire boire jusqu'à la lie ce calice de « gloire. »

Ces voûtes n'ont rien à envier aux voûtes de Notre-Dame ! Les grands souvenirs s'y abritent à l'égal de ceux qui se pressent sous les arceaux de la vieille basilique. Louis XIV s'y tient debout à la tribune royale, comme Philippe VI se tenait jadis devant le grand autel ! Et vous, messieurs, qui êtes-vous, sinon la plus complète représentation de la France et du monde ? L'extrême Orient rencontre ici les termes de l'Occident (1) ; l'Église et la patrie

(1) Le corps diplomatique presque tout entier se trouvait réuni dans la tribune royale. Au premier rang figurait le chef de l'ambassade chinoise, à qui l'interprète de la légation traduisait le discours.

s'y donnent la main; tout ce qu'il y a parmi nous d'intelligence, d'énergie, d'espérances et d'illustrations s'est réuni pour faire de l'heure actuelle une de ces heures qui comptent dans la vie et se conservent dans un inaltérable souvenir.

Pourtant, messieurs, combien est grande la distance qui nous sépare du temps où le P. Lacordaire racontait devant vous les bénédictions de Dieu sur la France! Cette grande voix s'est éteinte. La plupart des noms illustres qui lui faisaient cortége sont entrés dans la seconde vie de l'histoire, Berryer, Montalembert et tant d'autres que je voudrais citer. A peine reste-t-il de ces hommes un seul, dont la vieillesse toujours jeune met au service du pays une activité toujours nouvelle et toujours féconde, que son absence m'empêche de louer devant lui, mais dont la France, mieux que moi, saura dire un jour les droits à sa reconnaissance!

Mais ce n'est pas à ces différences que votre pensée s'arrête avec la mienne. Le P. Lacordaire, s'il reparaissait parmi nous, ne pourrait plus nous offrir ce calice de gloire que burent nos devanciers! Le rajeunissement qu'il avait vu se produire en même temps pour la vie intellectuelle et pour la vie chrétienne n'a pas donné de fruits; ce fut une splendide aurore dans un jour qui n'eut point de midi, ou plutôt ce fut le dernier rayonnement d'une flamme prête à s'éteindre. Depuis ce jour, tous les maux nous ont visités: l'étranger nous a tenus et nous tient encore le genou sur la poitrine et le couteau sur la gorge. Prêtez l'oreille! A quelques pas d'ici notre capitale même ferme ses portes à nos soldats. Après les angoisses de la guerre, les douleurs de l'insurrection. L'heure est bien triste, n'est-il pas vrai? Et si le souvenir qui vient de Notre-Dame de France nous est doux, en dirons-nous autant des voix qui viennent de Notre-Dame de Paris?

A quelle date, messieurs, ferez-vous remonter le premier de ces jours douloureux? A quel instant se voila, pour ne plus reparaître, le soleil qui brillait sur la France de Louis XIV? Personne ne peut s'y tromper. Après les ombres amassées par Louis XV, après le crépuscule où s'éteignait la royauté de Louis XVI, le grand soleil pouvait encore jeter quelques rayons; le vieil esprit français n'avait pas cessé d'être chrétien et de croire à la mission divine de la France. Mais quand fut consommée la rupture entre la société moderne et l'Église catholique, quand il fut devenu possible d'insulter la croix et de honnir le Christ, alors aussi tout devint possible contre la conscience, contre le droit et contre la patrie! Tout devint possible, tout! Vous l'avez vu, vous le voyez encore! Vous convient-il qu'il en soit toujours ainsi? Faudra-t-il que la France se résigne à périr de cette mort, ou lui est-il permis d'espérer qu'elle revivra de sa vie d'autrefois, la vie puissante et féconde des peuples vraiment catholiques?

C'est à vous de répondre, messieurs; car c'est à vous qu'est donné, à cette heure, ce droit formidable de vie et de mort sur la France.

II

La France revivra et reprendra parmi les peuples sa place, la première place, la seule qui lui convienne. Ce n'est pas là, messieurs, une persuasion seulement, l'illusion du prêtre et du Français qui ne peut se résigner à croire possible l'amoindrissement et moins encore la ruine de la France catholique. C'est une conviction fondée sur les données de la plus exacte logique, vous n'hésiterez pas à le reconnaître avec moi. La France doit vivre et grandir, parce que seule elle est capable de conserver et d'étendre dans le monde le règne de la vraie civilisation et de la vraie liberté.

Cette mission suppose, en effet, dans le peuple destiné à la remplir, la longévité dans la foi, un esprit naturel de prosélytisme et une puissance capable d'imposer les résolutions arrêtées. Eh bien, cherchez maintenant dans les deux mondes, et dites quelle nation, si ce n'est la France, vous paraît appelée à remplir cette tâche!

Ce n'est pas seulement par la priorité de notre baptême que nous sommes les fils aînés de l'Église. Aucune nation n'a subi plus intimement, plus constamment et plus généreusement l'action de l'Évangile. A travers quinze siècles nous avons gardé intact et agissant le dépôt de la foi remis aux mains de Clovis.

Sur cette pierre nous avons assis nos institutions les plus chères et les mieux défendues, sans nous préoccuper des apostasies ou des décadences dont nous étions entourés, jusqu'au jour où tout se troubla et défaillit en même temps chez nous, l'esprit chrétien et l'esprit national. Alors, sans doute, le mal prit en notre vie des proportions qu'il ne connaît point ailleurs.

Mais faut-il pour cela nous croire sortis de la foi traditionnelle, et considérer comme éteinte la vie dont nous avons vécu?

Je ne le crois pas. Vous-mêmes, messieurs, le croyez-vous? Laissez-moi dire toute ma pensée. Je suis sans cesse conduit par mon ministère aux quatre coins de la France. J'y rencontre beaucoup d'âmes. Je les étudie sous tous leurs aspects, et je suis forcé de descendre en elles jusqu'au plus intime. Quelle diversité apparente dans les convictions et dans les aspirations! Eh bien, messieurs, quelles que soient les apparences, voici la réalité. La foi qui sommeille dans beaucoup d'âmes n'est pas morte ; et comme la fille de Jaïre, elle attend l'heure où quelqu'un viendra prendre sa main refroidie, secouer ce bras inerte et ramener au cœur le flot de sang généreux qui l'a un instant déserté.

La meilleure preuve, vous l'avez sous les yeux. Que vous disent, si vous savez entendre, ces blessés dont la pensée nous réunit? Que vous disent-ils quand ils tombent sur le champ de bataille ou qu'ils achèvent de mourir sur leur lit d'hôpital? Ah! vraiment, il est facile au sophiste d'écrire au coin du feu, dans la solitude du cabinet, que la foi est morte, que la vieille Église a fait son temps, que la France ne veut plus de tout cela. La France! Où donc l'ont-ils vue? Où donc sont-ils allés pour l'étudier? Ce qu'ils voient dans le miroir troublé de leurs pauvres cerveaux, ce n'est pas la France ; c'est eux-mêmes, et voilà pourquoi ils lui font cette injure. Mais quand on suit ces fils de la France à travers leurs fatigues et leurs dangers ; quand on va près du canon ou sous les balles leur demander ce qu'ils éprouvent et ce qu'ils croient; quand on s'assied près d'eux dans la tranchée, sous le soleil ardent ou dans la boue glacée, et qu'on écoute parler leur cœur si prompt à reconnaître l'ami véritable et à s'épancher devant lui, que pensez-vous qu'ils nous disent? Nous les avons suivis ainsi, messieurs, humbles auxiliaires, pendant les longs mois de la défense de Paris; nous les connaissons et nous savons leur langage. Ils ne sont guère pressés d'appeler à leur aide ces parleurs si prompts à se déclarer libres de la foi maternelle. Il leur faut d'autres consolations et d'autres encouragements; et si Dieu leur envoie la mort, quand ils vont fermer les yeux loin du pays, loin de la famille, loin de toute affection, demandez aux aumôniers de vos hôpitaux militaires si leur foi s'est éteinte. L'ami qui les exhorte et les appuie, l'ami qui leur rend la mort moins amère et l'espérance plus riante, l'ami qu'ils réclament, dont ils serrent la main, dont ils n'hésiteraient pas à baiser les pieds nus, c'est, il faut bien le dire, c'est un capucin (1).

(1) L'hôpital militaire de Versailles était confié au ministère des pères capucins.

Mais la foi sans l'ardeur du prosélytisme ne suffirait pas à la mission de la France. Autour de nous, dans l'Europe livrée à tant d'agitations, nous cherchons en vain cet esprit apostolique dont la présence est si facile à constater parmi nous, depuis le premier instant de notre vie sociale. Partout où la civilisation chrétienne fait une conquête, nous sommes au premier rang, ouvrant la route et donnant le meilleur coup d'épée. Partout où l'oppression prétend s'établir, nous arrivons, la parole ardente comme le cœur, la main tout près d'agir. On sait notre nom jusqu'aux extrémités du monde, et partout il signifie la même chose : apostolat, liberté, sacrifice. Ce n'est pas vous qui me démentirez, monseigneur; vous vous démentiriez vous-même. Avant que notre drapeau flottât sur votre cathédrale et fît à votre apostolat des heures moins périlleuses, vous aviez fait vivre à Canton cet esprit français qui ne connaît ni repos ni trêve, et tient à honneur de servir jusqu'au sang la cause de l'Évangile et de la civilisation.

C'est notre nature, et rien ne pourra la

refaire. Tant qu'un cri s'élèvera sous le ciel pour appeler la lumière ou la délivrance, un frémissement involontaire nous fera tressaillir. Nous y courrons avant d'avoir réfléchi, ou, si la nécessité nous contraint à l'inaction, nous prendrons Dieu à témoin de notre impuissance passagère, et de notre volonté d'agir dès qu'il nous en fournira les moyens.

Enfin, messieurs, nous avons la puissance d'imposer notre volonté au profit de la civilisation chrétienne. Peut-être trouverez-vous que le moment est mal choisi pour parler de notre puissance. Pourquoi?- Nous sommes vaincus, on nous a jetés à terre, on nous foule aux pieds. Et après? En sommes-nous moins la France? Jacob entreprit de lutter avec l'ange, et le céleste combattant voulut bien succomber. Mais quand Israël l'eut renversé, il toucha de son doigt le genou qui pressait sa poitrine, et le vainqueur demeura boiteux. Qu'on y prenne bien garde! Dans le châtiment plein de mystère dont nous avons été frappés, Dieu n'a pas voulu notre ruine. Après l'heure rapide, je l'espère, qu'il faudra bien donner à l'épreuve et au repentir, nous reprendrons notre attitude et notre élan. C'est alors qu'ils verront la France, la véritable France. Celle-là, ils ne l'ont pas vaincue à Wœrth, à Wissembourg, à Metz, à Paris, au Mans. Celle-là, ils la verront un jour réclamer ce qu'on lui a ravi, ce qui reste toujours à elle, ce qui ne sera jamais à d'autres! O vieilles voûtes de Louis XIV et de Villars, réjouissez-vous! nous vous rendrons les drapeaux conquis se balançant à vos arceaux, les chants d'action de grâces après la victoire, la pompe et les joies accoutumées. Nous vous le promettons, vous n'attendrez pas longtemps.

La France a pour garantie de sa rénovation et de son progrès la mission que Dieu lui a confiée. Tant qu'elle voudra rester fidèle aux desseins d'en haut, nous regarderons en paix se dérouler les péripéties parfois douloureuses de son histoire. Mais cette fidélité s'y tiendra-t-elle? Voudra-t-elle vivre en revenant à Dieu?

C'est à vous, messieurs, qu'il appartient de nous le dire. Nous sommes entre vos mains; nous croirons ce que vous croirez; nous serons ce que vous serez. Rendez-nous la France d'autrefois, la France qui croyait à sa mission apostolique et civilisatrice, la France dont la main se retrouve dans toutes les grandes œuvres. Que par vous elle reparaisse toute-puissante et bénie sur les rivages dont on l'a forcée de se retirer. Qu'elle soit toujours par vous, messieurs, présente à ces extrémités du monde où son drapeau semble ne pouvoir flotter que pour abriter les premiers essais de la civilisation chrétienne. Qu'elle retrouve par vous cette légitime influence exercée pendant tant de siècles des rives du Bosphore aux sommets du Liban. Et s'il faut nous restreindre en nos désirs, que la France se souvienne par vous, messieurs, des opprimés de notre Europe. Qu'elle se souvienne surtout de Rome, où tout ce qui se fait appartient fatalement à notre histoire; où nos intérêts et notre gloire sont servis ou menacés en même temps que les intérêts et la gloire de la papauté; où nous devons tenir à toute heure la place que nous a faite Charlemagne, la place que personne n'a le droit de nous disputer, encore moins de nous ravir.

Mais pour qu'elle soit ainsi au dehors la gardienne vigilante de la justice et de la liberté, il faut qu'elle se soit d'abord souvenue d'elle-même, de ses croyances et de ses vertus passées.

Elle s'en souviendra par vous, n'est-ce pas, messieurs? Nous en avons pour garantie le grand acte par lequel vous affirmiez hier votre volonté de relier la chaîne de nos traditions catholiques (1). Soyez-en remerciés, messieurs. Vous nous avez rendu l'espoir en affirmant que pour vous la France était toujours la terre des vieux chrétiens de Clovis, de Charlemagne, de Philippe-Auguste, de saint Louis, de Henri IV et de Louis XIV; en affirmant qu'elle ne consentirait jamais, je ne dis pas à être, mais à paraître longtemps la terre soumise aux sophistes qui bannissent le crucifix des écoles pour le bannir plus sûrement de notre vie sociale. Soyez-en remerciés, comme de tout ce que vous ferez encore pour la patrie. Vous nous avez donné le droit de tout espérer, et nous avons confiance en vous. Comptez aussi sur nous, messieurs!

(1) La décision relative aux prières publiques.

Votre dévouement et votre sagesse, dans la tâche difficile qui vous est confiée, auront pour aide et pour appui, n'en doutez pas, tout ce que le pays possède d'intelligence et d'ardeur. Sans doute, comme le blessé qui gémit, la France vous supplie de donner bien vite l'apaisement à ses agitations, la guérison à ses maux; mais elle ne méconnaît pas votre prudence, et vous laisse le temps comme elle vous a donné le pouvoir.

A l'œuvre donc, messieurs, et ne vous arrêtez plus qu'à l'heure où vous la pourrez dire achevée, devant votre conscience, devant la patrie, devant le monde et devant Dieu!

TABLE DES MATIÈRES

Pages

Au lecteur.. I

PREMIÈRE CONFÉRENCE.

De l'absence de conviction religieuse dans la société française.. 3

DEUXIÈME CONFÉRENCE.

De l'absence de vertu dans la société française.......... 33

TROISIÈME CONFÉRENCE.

De la déchéance de l'esprit de famille.................. 65

QUATRIÈME CONFÉRENCE.

De la mauvaise éducation des enfants.................. 102

CINQUIÈME CONFÉRENCE.

De l'indifférence devant les doctrines.................. 139

SIXIÈME CONFÉRENCE.

De l'inertie devant les devoirs sociaux.................. 179

DISCOURS

prononcé dans la chapelle du palais de Versailles....... 217

PARIS. — E. DE SOYE ET FILS, IMPR., 5, PL. DU PANTHÉON.

www.ingramcontent.com/pod-product-compliance
Ingram Content Group UK Ltd.
Pitfield, Milton Keynes, MK11 3LW, UK
UKHW020114200726
13856UKWH00002B/549

9 782011 764416